ATLAS DES RELIGIONS

Croyances, pratiques et territoires

Brigitte Dumortier
Avec la participation de Madeleine Rouvillois

Préface de Jean Baubérot

Éditions Autrement
Collection Atlas/Monde

77, rue du Faubourg-Saint-Antoine • 75011 Paris
Tél. 01 44 73 80 00 • Fax 01 44 73 00 12 • www.autrement.com

ISBN 2-7467-0264.9
ISSN 1272-01151
Dépôt légal : 3e trimestre 2002
Imprimé et broché en Italie
Achevé d'imprimer en juillet 2002

REMERCIEMENTS
Je tiens à remercier, pour leur soutien amical et leur aide concrète, mes collègues Philippe Cadène (université Paris VII), Frédéric Landy (Paris X), François Mancebo (Paris IV), Jean-Robert Pitte (Paris IV), Rachid Ragala (Paris IV), Olivier Sevin (Paris IV). Ma reconnaissance va aussi aux chercheurs qui m'ont apporté un appui précieux, Baudoin Dupret (Centre d'études économiques, juridiques et sociales - CEDEJ), Anne Fournier (Mission interministérielle de lutte contre les sectes - MILS), Yves Lambert (Centre national de la recherche scientifique/École pratique des hautes études - CNRS/EPHE), Colette Muller (Espaces géographiques et sociétés/Centre de recherches sur les espaces et les sociétés - ESO/CRESO), Éric Verdeil (Centre d'études et de recherches sur le Moyen-Orient contemporain - Cermoc). Un grand merci à Florence Bonnaud et Véronique Lahaye, cartographes à l'université de Paris IV-Sorbonne, pour leur patiente coopération, et aux documentalistes du Comité catholique contre la faim et pour le développement (CCFD) et du Congrès juif mondial pour leur disponibilité. La liste ne serait pas complète sans mentionner Christine Cabasset, Mike Kamel, Alexis Chrysostalis, Maria Prevelakis et Gérard Wybo.

AUTEURS
Ancienne élève de l'École normale supérieure, Brigitte Dumortier est maître de conférences de géographie à l'université de Paris IV-Sorbonne et membre du laboratoire de recherche « Espace et culture » (Paris IV-CNRS). Elle est l'auteur de plusieurs livres, dont une *Géographie de l'Orient arabe* (Armand Colin, 1997) et de nombreux articles, en particulier sur l'Irlande et le Moyen-Orient.

Madeleine Rouvillois a assuré les enseignements de géographie religieuse à l'université de Paris IV-Sorbonne jusqu'en 2001, en tant que maître de conférences. Elle a collaboré à *L'Encyclopédie des religions* (Bayard, 1997).

CARTES ET INFOGRAPHIES
Cécile Marin

MAQUETTE
Conception et réalisation : EDIRE

ÉDITIONS AUTREMENT
Direction : Henry Dougier
Coordination éditoriale : Laure Flavigny et Chloé Pathé
Communication et presse : Agnès Biltgen

Cet ouvrage a été publié à l'occasion du 13e Festival international de géographie de la ville de Saint-Dié-des-Vosges, dont le président-fondateur est Christian Pierret, maire de Saint-Dié-des-Vosges.

SOMMAIRE

ATLAS DES RELIGIONS

Croyances, pratiques et territoires

AVERTISSEMENT AU LECTEUR

Les références des citations des pages intérieures se trouvent à la fin de l'ouvrage.

PRÉFACE

Depuis très longtemps, la religion est objet de débats, voire de contestations. L'essor, au XIXe siècle, de la science et d'utopies séculières comme le socialisme avait conduit certains à penser qu'elle était engagée dans un inexorable déclin. Cette perspective fut intériorisée par des théologiens eux-mêmes dans les années 1960. La théologie protestante américaine dite de « la mort de Dieu » affirmait qu'il fallait que les Églises prennent leur parti de la perte de toute dimension transcendante au fur et à mesure que la modernité se répandait sur la planète. Ainsi Thomas Altizer (né en 1927), bien oublié aujourd'hui, parlait de « l'imminence radicale de l'homme moderne » comme point de départ de toute réflexion chrétienne. Il proposait d'accompagner théologiquement cet être humain post-religieux. C'était pour les Églises un devoir moral, une exigence de vérité, une nécessité de survie.

On prétend souvent que tout ce qui est en vogue aux États-Unis devient, quinze à vingt ans plus tard, dominant ailleurs. Dans l'atmosphère qui suivait le concile Vatican II, il semblait, effectivement, qu'on allait prendre ce chemin. Or, un tiers de siècle après, en ce début de XXIe siècle, nous entendons surtout parler de « retour du religieux », voire de « danger » fondamentaliste, intégriste ou sectaire. Il y a peu, le sociologue Peter Berger écrivait que notre époque s'avère tout aussi « furieusement religieuse », voire davantage, que celles qui l'ont précédée. Tout de suite après, les événements du 11 septembre ont semblé très largement confirmer cette analyse. Que pouvons-nous penser d'un tel retournement ?

L'arbre ne doit pas cacher la forêt : la religion n'était pas prête à disparaître il y a quelques décennies ; elle ne se réduit pas aujourd'hui aux mouvements violents qui l'utilisent politiquement, même si leur existence est très tangible. Ces mouvements constituent, en fait, la partie émergée, et effectivement « furieuse », d'un immense iceberg religieux dont les parties immergées sont, fort heureusement, en général plus sereines. L'actualité est plus souvent faite de bruits et de fureurs. La réalité sociale est, elle, beaucoup plus diversifiée. Elle est aussi constituée de mille et un « non-événements », c'est-à-dire d'actions, de comportements humains, où il ne se passe rien de dramatique et donc de perceptible pour les médias de masse mais où se tissent les fils du lien social et aussi le cheminement des hommes et des femmes qui cherchent à découvrir le pourquoi de leur existence ou qui estiment l'avoir trouvé et pouvoir en vivre. Chaque semaine, des centaines de millions d'êtres humains de par le monde se rendent à la pagode, à la mosquée, à l'église ou au temple, au sanctuaire shinto, à la synagogue et en beaucoup d'autres lieux où ils ont rendez-vous avec le « divin ».

Ce remarquable *Atlas des religions* montre, à qui en douterait encore, que l'approche cartographique constitue un instrument très précieux et très « parlant » pour comprendre les multiples facettes des univers religieux. Encore faut-il que cette approche soit menée avec talent et rigueur. C'est incontestablement le cas ici : la géographie permet de mieux savoir et l'histoire et le présent, de les relier ensemble, tout comme elle relie actualité et réalité.

« Comment comprendre le 11 septembre 2001 sans remonter au wahhabisme, aux divers filiations coraniques et aux avatars du monothéisme ? Comment comprendre les déchirements yougoslaves sans remonter au schisme du filioque (entre catholiques et orthodoxes) et aux partitions confessionnelles dans la zone balkanique ? Comment comprendre le jazz et le pasteur Luther King sans parler du protestantisme ? » se demande Régis Debray, appelant de ses vœux une « laïcité d'intelligence » qui enseigne le « fait religieux dans l'école laïque ». Mais aujourd'hui, la formation est « permanente » et s'effectue aussi – de 7 à 77 ans et plus, pour paraphraser Hergé – grâce aux publications qui rendent disponibles les avancées du savoir à un large public.

Brigitte Dumortier – avec la collaboration de Madeleine Rouvillois – a entièrement réussi son pari car elle a su affronter toutes les difficultés du genre (et elle l'explique très clairement dans son introduction). Elle a su manier le panoramique et le zoom. Le panoramique pour nous donner les grandes dominantes du fait religieux dans son aujourd'hui et son historicité. Le zoom pour rendre compte de l'extraordinaire pluralité des croyances et des pratiques. À cela elle joint des commentaires où l'essentiel est toujours dit et bien dit, où les clés de lecture sont données. Du bel ouvrage à voir et à lire pour mieux comprendre l'aventure humaine dans ce qu'elle a de plus intense, dans ses voies multiples, dans sa quête de sens.

Jean Baubérot
Président de l'École pratique des hautes études

UN ATLAS GÉOGRAPHIQUE DES RELIGIONS CONTEMPORAINES

Une religion associe un système de représentations (croyances, mythes, dogmes, etc.), une organisation (églises, confréries, sectes, etc.) et des rites. Autrement dit, elle se définit comme une organisation intégrant croyances, règles de vie et pratiques cultuelles, relatives à un ordre transcendant ou cosmique. D'une pléthore de définitions, on peut extraire celle du fondateur de la sociologie en France, Émile Durkheim : « Une religion est un système solidaire de croyances et de pratiques relatives à des choses sacrées, c'est-à-dire séparées, interdites, croyances et pratiques qui rassemblent en une même communauté morale [...] tous ceux qui y adhèrent. »[1]
Par-delà la diversité des expressions religieuses et des réponses apportées aux grandes questions et aux grandes angoisses de l'humanité, « le discours religieux se réfère à une tradition, légitimée par une mémoire collective (religare : remémorer, recueillir, se souvenir), elle-même autorisée par une instance divine (Dieu, panthéon, principe de la supranature) »[2].
Le fait religieux se prête à la description, à l'explication, à l'interprétation, mais fort mal à la quantification. Les chiffres représentent des enjeux de pouvoir mis au service du prosélytisme, de la défense ou de l'oppression d'une minorité, voire de l'obtention de subsides. La question des sources est donc cruciale. Celles qui sont issues d'organisations religieuses sont souvent peu fiables. Les estimations présentent des distorsions graves. Tous les pays ne recensent pas l'appartenance religieuse de leurs habitants et, quand ils le font, de nombreux biais faussent les résultats. Il faut redresser les sources, les croiser, tirer profit des travaux les plus récents, accepter les limites de l'information. Par exemple, la confrontation d'un grand nombre de documents, la connaissance du terrain, les vérifications auprès d'urbanistes libanais, les corrections de chercheurs français ont permis de représenter la répartition confessionnelle avant et après la guerre à Beyrouth,sans qu'il soit possible de chiffrer exactement la proportions de chrétiens et de musulmans par quartier, exercice aussi périlleux qu'inopportun. En Chine, les statistiques officielles comptabilisent minutieusement les minorités ethniques, dont on sait que certaines ont une forte spécificité religieuse. Mais, comme les dénombrements sont plus soucieux de politique que de fiabilité, proposer une carte autre que très générale relève de la mission impossible.
Le premier objectif de l'atlas est tout simplement de fournir une localisation des religions. Les méthodes de la géographie – collecte, critique et traitement numérique, graphique et cartographique des données – permettent de représenter la répartition des phénomènes. Mais quel niveau d'appartenance religieuse cartographier ? La croyance qui se trouve dans le secret des consciences ? La pratique, occasionnelle ou régulière, aux formes multiples ? Le rattachement revendiqué ? L'appartenance culturelle, toute religion étant liée à une conception du monde ? Qui

comptabiliser ? Un certificat de baptême catholique vaut-il certificat de catholicité ? Qu'est-ce qu'être juif ? Faut-il compter les anglicans dans les protestants ? Les textes d'accompagnement permettent de préciser les définitions, aident à interpréter les cartes. L'ensemble invite à la réflexion sur les territoires de la religion de l'aire homogène à la diaspora, du bastion à l'enclave ou au ghetto, sans oublier les espaces multiconfessionnels. La gamme des relations interreligieuses va de la coexistence paisible à l'affrontement armé, de l'acculturation au syncrétisme.

La perception des réalités religieuses varie selon l'échelle. Si, sur la carte du monde, s'opposent une Afrique musulmane et une Afrique chrétienne, la carte du continent africain donne une vision plus nuancée et montre la place des religions coutumières. Dans les espaces caractérisés par leur diversité religieuse, la géographie met en évidence des territoires organisés en auréoles (Indonésie), en marqueterie (Balkans), en emboîtements (Irlande). Cela éclaire la compréhension des conflits, au-delà de l'arithmétique confessionnelle. La géographie se préoccupe aussi de dynamiques d'expansion ou de rétraction, de diasporas et de réseaux, de flux de missionnaires et de pèlerins... Au-delà des convictions de chacun, la religion revêt une dimension institutionnelle, ce qui pose la question des relations entre la religion et l'État. La tolérance doit être garantie, mais sa conception ne doit mettre en danger ni l'individu ni la collectivité, ce qui renvoie au débat sur les sectes.

Le présent atlas entend donner une compréhension du fait religieux dans le monde d'aujourd'hui, de l'échelle planétaire à l'échelle locale, en associant planisphères, cartes par continents, aires culturelles ou pays, plans de villes et graphiques. Il propose un panorama des religions mondiales, permet de mesurer la diversité des expressions religieuses, aide à mieux cerner la dimension religieuse des conflits. Son format, commode et maniable, n'a pas permis d'approfondir tous les sujets, d'aborder tous les thèmes, par exemple celui du rapport à l'espace, qui varie d'une religion à l'autre, influençant le paysage, les aménagements et jusqu'à la représentation du paradis.

Sans la participation active de Madeleine Rouvillois, qui a apporté sa culture religieuse, son dévouement souriant et son talent pour dénicher l'information introuvable, sans les suggestions et les critiques de collègues géographes qui m'ont fait bénéficier de leurs connaissances et plus encore de leur expérience des espaces et des cultures abordées au fil des pages, cet atlas n'aurait pas existé. Je le dédie à mes enfants, à qui il a pris de mon temps et de ma disponibilité.

BRIGITTE DUMORTIER

1 E.Durkheim, *Les Fondements élémentaires de la vie religieuse*, PUF, coll. « Quadrige », 1998 (1re édition 1912), p.65.

2 A. Julliard, « Cartes et paroles, ethnologie et géographie sur le terrain de la religion », *Annales de géographie*, mars-avril 1996, p. 174.

LES RELIGIONS MAJORITAIRES DANS

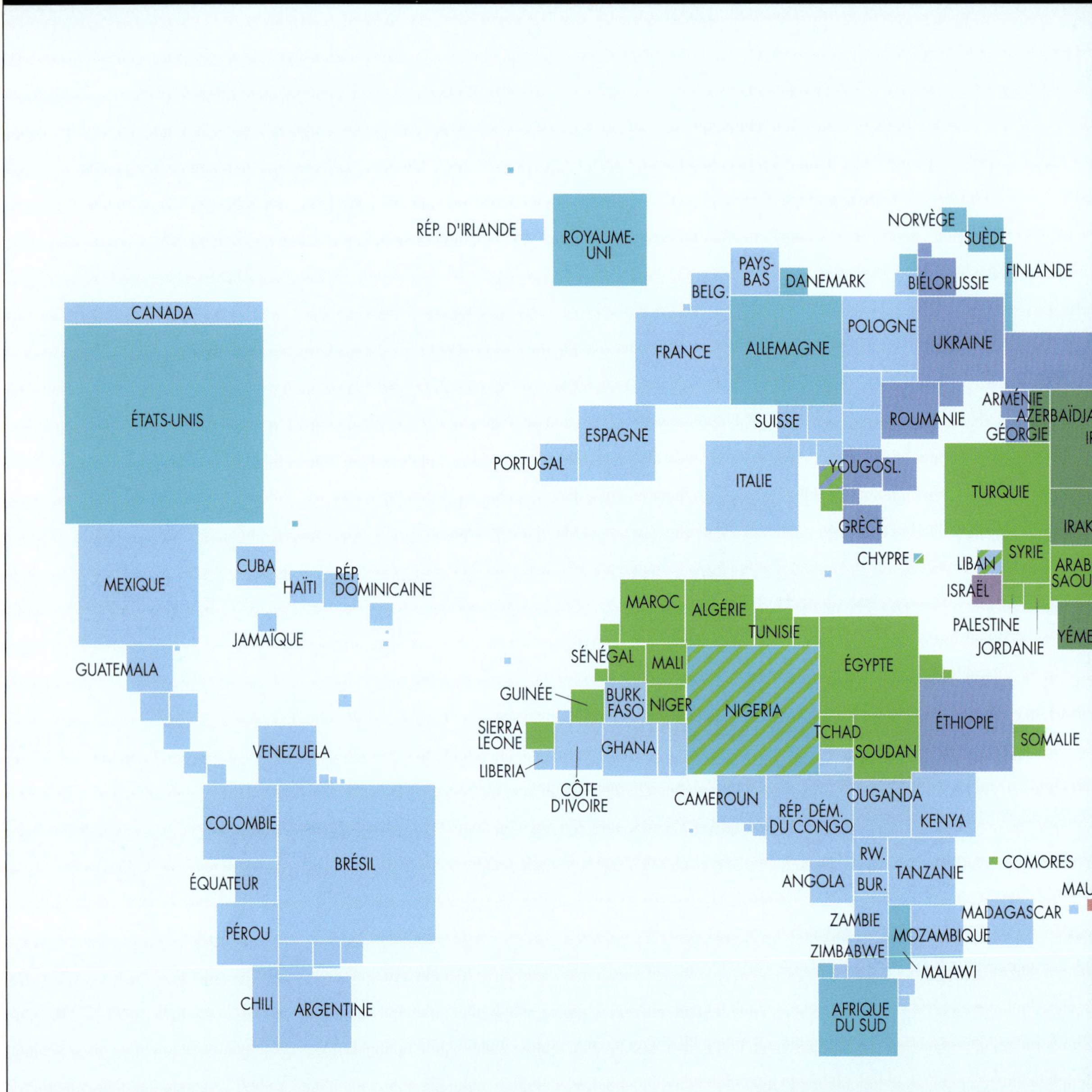

POUR LIRE LA CARTE. Sur cette anamorphose, les États sont représentés par une figure géométrique dont la superficie est proportionnelle à leur population, afin de ne pas minimiser l'importance de religions localisées (hindouisme, religions autochtones de la Chine et du Japon) par rapport à des religions prosélytes universalistes (christianisme, islam). À chaque religion correspond une couleur, une nuance indiquant, le cas échéant, la branche dominante dans la religion majoritaire. On a employé des bandes alternées quand deux religions numériquement équivalentes se partagent la suprématie. Cette carte simplifie les situations nationales et gomme l'existence de minorités, mais fait apparaître les grandes aires religieuses.

Christianisme — Catholicism / Protestantis / Orthodoxie

Islam — Islam sunnit / Islam chiite / Islam ibâdit

Judaïsme

10 000 000 habitants

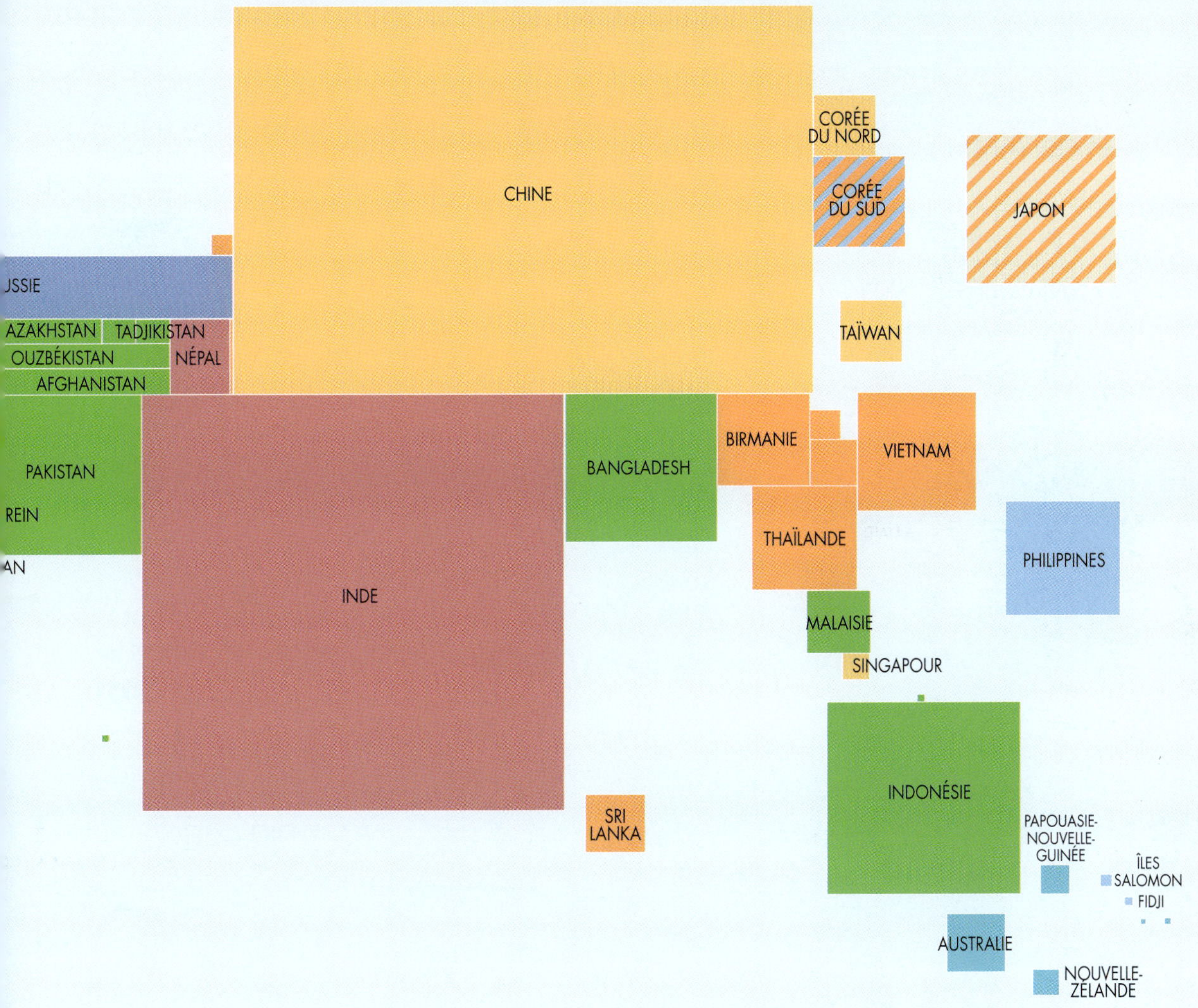

- Bouddhisme
- Hindouisme
- Taoïsme et confucianisme
- Shintoïsme

Les États de moins de 150 000 habitants ne sont pas représentés.

Source : INED, 1999.

RÉPARTITION DES GRANDES RELIGIONS

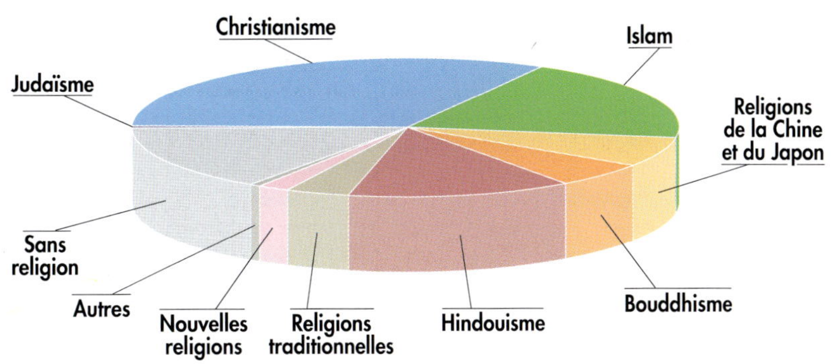

LE CHRISTIANISME ET SA DIFFUSION

Les chrétiens sont les disciples d'un juif de Palestine, Jésus de Nazareth, prédicateur et prophète, mort crucifié et ressuscité le troisième jour après son ensevelissement. Du judaïsme ils conservent la foi en un Dieu unique, tout-puissant et créateur. Mais, pour les chrétiens, Jésus est le Christ, Fils de Dieu fait homme, le Messie Rédempteur promis aux hommes, qui vient les libérer du péché et de la mort. Quatre de ses disciples (Matthieu, Jean, Luc, Marc) ont relaté sa vie et transmis ses enseignements dans les Évangiles.

CHRÉTIENTÉ ANTIQUE ET MÉDIÉVALE

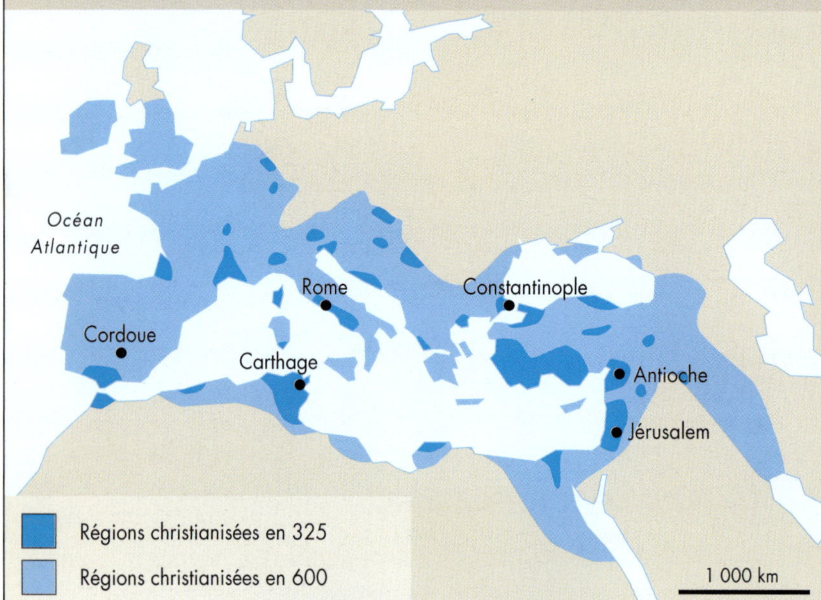

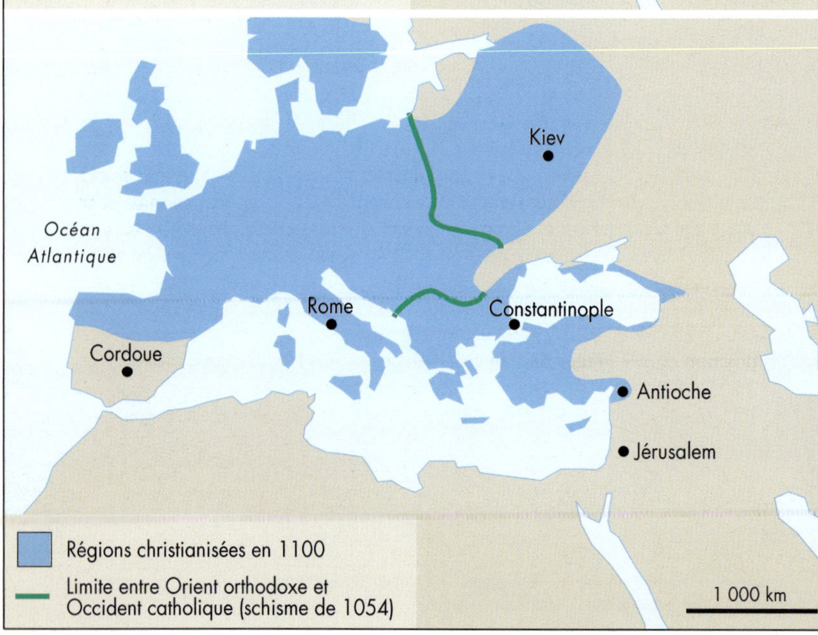

L'EXPANSION DU CHRISTIANISME. Les apôtres que Jésus avait formés ont répandu la bonne nouvelle du salut, d'abord au Levant, en Asie Mineure, en Égypte et dans tout l'Empire romain, mais aussi vers l'est, l'Inde et l'Asie centrale. D'abord persécuté puis devenu au IVe siècle la religion officielle de l'Empire, le christianisme s'étend à partir des villes en suivant le réseau de l'administration romaine. L'Église, instituée par le Christ et structurée, après sa mort, autour des apôtres, se développe et deviendra la seule institution à résister lors des invasions barbares qui déferlent sur l'Occident à partir de la fin du Ve siècle. L'évangélisation progresse dans les tribus germaniques, puis slaves et l'Europe urbaine est convertie dans son ensemble au Xe siècle. Les campagnes et les pays nordiques seront touchés plus tardivement.

Au XIe siècle se cristallise la différenciation qui s'est introduite petit à petit entre un Occident latin déstructuré par les invasions barbares et un Orient grec en contact avec l'islam. À cette première séparation, plus culturelle et politique que doctrinale, entre le monde romain, catholique, et le monde byzantin, orthodoxe, vient s'ajouter, au début du XVIe siècle, une scission aux répercussions théologiques profondes, initiée par Luther, puis Calvin : la Réforme, qui engendre une multiplication d'Églises protestantes. Les rivalités entre les Églises chrétiennes s'exacerbent au XIXe siècle, lorsque les missions gagnent toute la planète. Cette désunion est de nos jours de plus en plus ressentie comme contraire au message du Christ, « Que tous soient un ». Le mouvement œcuménique cherche à retrouver l'unité primitive.

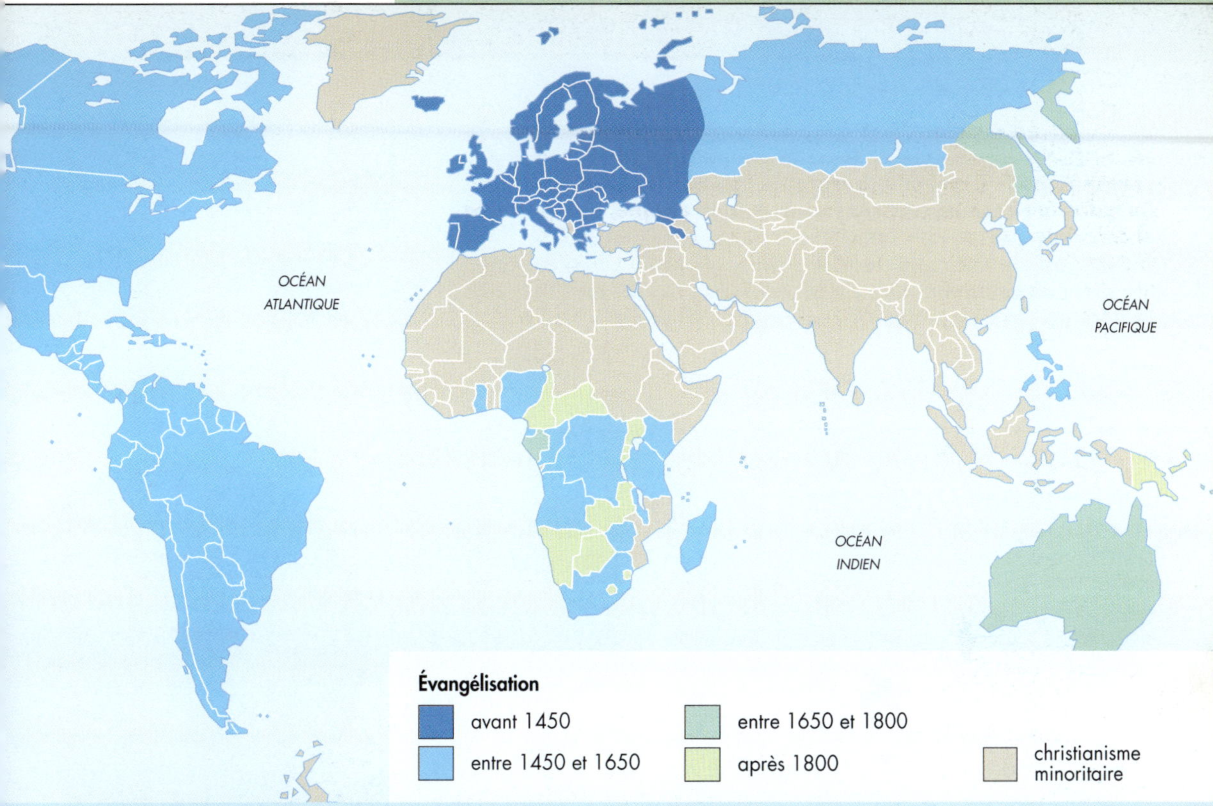

UNE RELIGION MONDIALISTE

> *« Nous ne devons faire autre chose que [...] de les attirer amoureusement, pacifiquement et chrétiennement, c'est-à-dire charitablement, à la sainte foi catholique, par la mansuétude et par la douce, l'humble, l'évangélique prédication. »*

ÉVANGÉLISATION ET COLONISATION. À partir des grandes découvertes (XVIe siècle), le christianisme se répand, avec la colonisation, des côtes vers l'intérieur. Évangélisation et colonisation entretiennent des relations ambivalentes. Les conversions forcées ne doivent pas faire oublier que le dominicain Bartolomeo de Las Casas (1474-1566) dénonça le premier l'oppression des Amérindiens par les conquérants portugais et espagnols. Les argumentations religieuses qui ont pu être invoquées pour justifier conquêtes et spoliations ne doivent pas ternir les actions de santé, d'éducation et de soins effectuées par certains missionnaires ou individus animés d'un idéal chrétien, comme le docteur Albert Schweitzer (1875-1965), pasteur luthérien.

De nos jours, les Églises des pays en développement manifestent une grande vitalité et s'affranchissent du modèle européen. Les jésuites japonais et indiens ont développé la théologie de l'inculturation et les prêtres africains entendent « donner à la parole de Dieu une écriture africaine ». La théologie de la libération a vu le jour en Amérique latine, où les figures emblématiques de dom Helder Camara, prélat brésilien né en 1909, et d'Oscar Romero y Galdames, prélat salvadorien né en 1917 et assassiné en 1980 pour ses prises de position contre la misère et la violation des droits de l'homme dans son pays, ont témoigné de « l'option préférentielle pour les pauvres ». Tel l'évêque anglican Desmond Tutu (né en 1931, il a obtenu le prix Nobel de la paix en 1984), grande figure de la lutte contre l'apartheid, des chrétiens s'engagent dans le combat pour la démocratie ; mais, dans certains pays, comme en Chine par exemple, ils font l'objet de ségrégation, de brimades ou de persécutions.

L'ÉGLISE CATHOLIQUE APOSTOLIQUE E

Le catholicisme rassemble un milliard de fidèles, soit la moitié des chrétiens. 128,3 millions d'habitants ont reçu le baptême catholique au Brésil. Quatre autres pays comptent plus de 50 millions de baptisés dans la foi catholique : le Mexique, les États-Unis, les Philippines et l'Italie. Six pays en comptent plus de 25 millions : la France, l'Espagne, la Pologne, la Colombie, l'Argentine et l'Allemagne.

LA DYNAMIQUE DU CATHOLICISME est extrêmement variable selon les continents. Dans les pays de tradition catholique d'Europe de l'Ouest ainsi qu'en Amérique du Nord, on constate une baisse de la pratique, une crise des vocations religieuses et une sécularisation de la société. Mais l'implication de plus en plus nette des laïcs dans la vie de l'Église, où coexistent traditionalistes et modernistes, qui ne partagent pas toujours les positions de la hiérarchie sur les questions de société, modifie son visage. En Europe de l'Est, où le catholicisme avait résisté au communisme en Pologne, le changement politique a rendu la liberté du culte aux catholiques qui avaient été persécutés en Lituanie. Dans les pays majoritairement orthodoxes, les Églises catholiques dites uniates, c'est-à-dire unies à Rome mais ayant conservé leur rite, émergent de la clandestinité et sont en situation difficile, en Ukraine et en Biélorussie notamment. En Amérique latine, le catholicisme reste très largement majoritaire, malgré la montée en puissance des syncrétismes et des nouvelles religions (voir p. 54-55) ainsi que des conversions au protestantisme au Brésil, alors qu'en Asie, où le christianisme dans son ensemble est très largement minoritaire sauf aux Philippines, il est expansion. C'est cependant en Afrique que le catholicisme est le plus dynamique. Tolérant les pratiques locales, il progresse fortement aux dépens des religions coutumières. Les pays où le catholicisme représente moins d'un tiers de la population sont soit ceux où domine une autre confession chrétienne, soit des pays faiblement christianisés.

> *L'Église est à la fois visible et spirituelle, société hiérarchique et corps mystique du Christ. Elle est une, formée d'un double élément humain et divin. C'est là son mystère que seule la foi peut accueillir.*

LES CATHOLIQUE

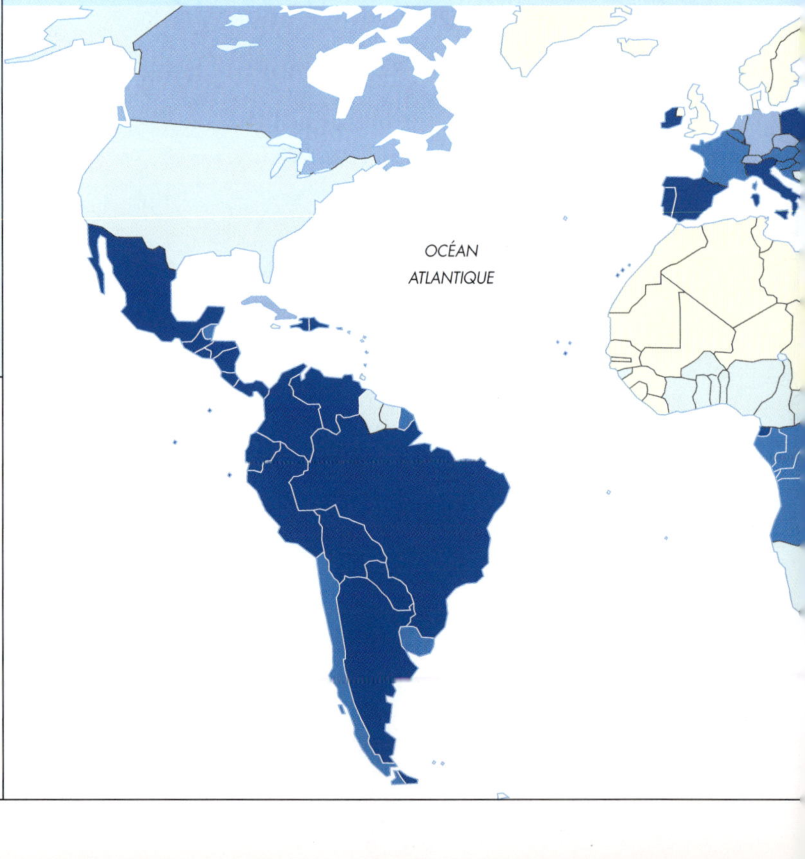

Part de catholiques en %

- 0 à 10
- 10 à 30
- 30 à 50
- 50 à 85
- 85 à 99

Source : *Annuaire statistique de l'Église*, Librairie éditrice vaticane, 2000.

OMAINE

LA CITÉ DU VATICAN

ANS LE MONDE

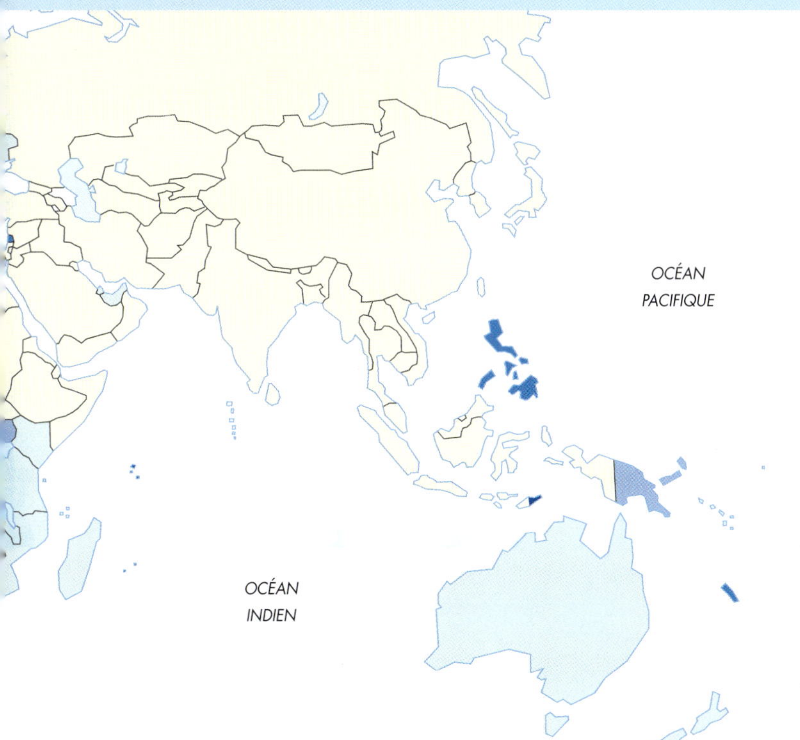

La carte est fondée sur les registres de baptême. Bien entendu, un baptisé peut abandonner le catholicisme, voire se convertir à une autre religion.

L'ÉGLISE CATHOLIQUE EST SOUS L'AUTORITÉ DU PAPE

et du collège des évêques qui se réunissent en synode ou en concile, dont le dernier en date fut Vatican II (1962-1965). Pour les catholiques, le pape, vicaire de Jésus-Christ, successeur de Pierre, souverain pontife de l'Église universelle, est infaillible, mais seulement quand il proclame solennellement un point de doctrine en vue d'expliciter le contenu de la Révélation, ce qui n'est arrivé qu'une fois au XXe siècle. Il expose et approfondit la position de l'Église dans des Encycliques comme *Mater et magister* (1961) de Jean XXIII sur le rôle social de l'Église, ou *Popularum progressio* (1967) de Paul VI sur le développement.
Durant des siècles, les États du pape en Italie centrale ont assuré l'indépendance politique du Saint-Siège, établi à Rome depuis le Ier siècle. En 1870, ces territoires sont intégrés au royaume d'Italie naissant, qui choisit Rome pour capitale. Le pape Pie IX se considère alors comme prisonnier de la cité du Vatican. En 1929, les accords du Latran reconnaissent au chef de l'Église catholique les prérogatives d'un souverain temporel sur l'État du Vatican. Enclavé dans le territoire italien, il comprend la cité proprement dite (44 ha) et les basiliques Sainte-Marie-Majeure, Saint-Jean-de-Latran, Saint-Paul-hors-les-Murs, le palais de la Chancellerie ainsi que la résidence d'été de Castel Gandolfo, qui jouissent de l'extraterritorialité.

QUELQUES CHIFFRES

Près de 3 000 diocèses, de tailles extrêmement diverses, se subdivisent en plus de 400 000 centres pastoraux, paroisses et centres missionnaires.

LE CHRISTIANISME ORTHODOXE

En 451, certaines Églises refusent les conclusions du concile de Chalcédoine, schisme fondateur de l'orthodoxie orientale. En 1054, au terme d'une longue évolution, marquée par des conflits de pouvoir opposant Rome à Constantinople et reflétant les différences culturelles entre chrétientés latine et grecque, le Grand Schisme d'Orient consacre la rupture entre catholicisme (du grec katholikos, « universel ») romain et orthodoxie (étymologiquement « juste doctrine ») byzantine. L'orthodoxie a survécu aux assauts de l'islam arabe, de la chrétienté occidentale, de l'islam turc et du communisme.

LES TERRITOIRES DE L'ORTHODOXIE

Source : *World Christian Encyclopedia*, D. Barett, 2001 ; Service orthodoxe de presse.

L'ORGANISATION TERRITORIALE DE L'ÉGLISE est un principe fondamental de l'orthodoxie qui n'empêche pas une remarquable unité doctrinale. Les Églises autocéphales élisent leur propre primat, qui porte le titre de patriarche. L'élection du primat d'une Église autonome, qui porte le titre d'archevêque ou de métropolite, doit être confirmée par une Église autocéphale. Le patriarche œcuménique de Constantinople a une primauté sur l'ensemble de l'orthodoxie byzantine en tant que premier parmi ses pairs. Les terres traditionnellement orthodoxes du monde hellénique et slave ont alimenté une nombreuse diaspora, ce qui pose la question de son organisation ecclésiale. Une Église autocéphale s'est autoproclamée aux États-Unis, où une partie des orthodoxes préfèrent se rattacher, selon leur origine, qui au patriarcat de Moscou, qui à celui de Kiev, etc.

« *J'aime l'Église, ses bannières, l'argent de ses vases sacrés, ses candélabres, ses lumières, ses icônes et son ambon.* »

LES MONASTÈRES DU MONT ATHOS

UNE SENSIBILITÉ RELIGIEUSE ORIENTALE. Les débats christologiques de Chalcédoine ont donné aux Églises d'Éthiopie, d'Arménie, d'Égypte, de Syrie (voir p. 38) et de l'Inde (voir p. 29), géographiquement éloignées des centres du pouvoir, l'occasion d'affirmer leur particularisme. Les querelles entre catholiques et byzantins sur la nature de l'Esprit Saint, réductibles à des divergences de formulation, ont masqué l'opposition (ou la complémentarité ?) entre deux univers culturels. Catholiques et orthodoxes partagent les mêmes dogmes majeurs et les mêmes sacrements, mais manifestent une sensibilité religieuse différente. La tradition occidentale met l'accent sur la passion et le péché ; la tradition orientale, plus mystique que doctrinale, insiste sur la résurrection et la rédemption. L'austérité n'est pas de mise dans la liturgie orientale car le beau est un moyen d'accès à Dieu. Ainsi, les icônes, images saintes, symboles plus que représentations, font l'objet d'une vénération à ne pas confondre avec de l'adoration.

La République monastique autonome du mont Athos, sous protectorat de l'État grec, est une fédération de grands monastères dont le premier remonte au Xe siècle. Cette péninsule déchiquetée et escarpée a abrité jusqu'à 15 000 moines au XVe siècle. Elle en accueille actuellement environ 1 500 et conserve un grand rayonnement spirituel sur toute l'orthodoxie.

PRINCIPAUX PAYS ORTHODOXES

L'ÉGLISE COPTE ORTHODOXE. L'Église copte orthodoxe d'Égypte prolonge l'Église d'Alexandrie, fondée par saint Marc en 43. Elle est empreinte de l'héritage préchrétien dans son calendrier lié à la crue du Nil et jusque dans sa croix, réinterprétation du hiéroglyphe de la Vie. Les coptes, nombreux au Caire et en Haute Égypte, forment une minorité religieuse ancrée au destin national. Leur statut s'est dégradé depuis 1970 et leur sécurité est parfois menacée par des flambées islamistes. Liée à l'Église copte orthodoxe d'Égypte, l'Église orthodoxe d'Éthiopie s'en est affranchie peu à peu. Malmenée par le régime marxiste (1974-1991), elle est aujourd'hui très active sur le terrain social, dans un pays où un pôle central chrétien est entouré de périphéries musulmanes.

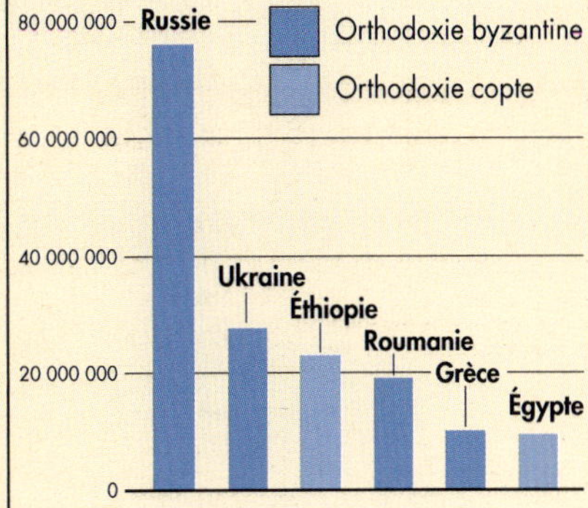

Source : *World Christian Encyclopedia*, D. Barett, 2001.

LE PROTESTANTISME DANS SA DIVERSITÉ

Dès le XIVe siècle, les Lollards en Angleterre et les Hussites en Bohême préfigurent la Réforme. Quand le pape se met à vendre des indulgences, gages de salut, le moine Martin Luther dénonce cette pratique dans ses 95 thèses (1517). Dans quatre livres publiés en 1520, il énonce la doctrine du salut par la grâce qui se diffuse rapidement grâce à l'imprimerie. À Genève, Calvin élabore la doctrine de la prédestination : le salut et la foi ne dépendent en rien de l'homme mais de Dieu seul. En 1534, Henri VIII se proclame chef de l'Église d'Angleterre. Sous Elizabeth, les 39 articles infléchissent l'anglicanisme vers le calvinisme (1563). Par la suite, le protestantisme se fragmente.

FAMILLES PROTESTANTES ET GROUPES APPARENTÉS

		Date de création	Lieu d'apparition	Caractéristiques sommaires
Luthériens		1517	Allemagne	• Doctrine de la prédestination • Conservent la hiérarchie • Œcuménisme
Calvinistes	**Réformés**		Suisse	• Doctrine de la prédestination plus radicale • Organisation synodale • Austérité
	Presbytériens	1560	Écosse	
Anglicans		1534	Angleterre	• Doctrine d'inspiration calviniste • Organisation et rite de type catholique
Baptistes		1605	Hollande	• Baptême des adultes par immersion • Congrégationalisme
Anabaptistes	**Mennonites**	1525	Suisse	• Baptême des adultes • Rejet de la vie moderne • Culte domestique
	Amishs	1693	Suisse	
	Quakers	1647	Angleterre	• Pacifisme • Congrégationalisme
Méthodistes		1738	Angleterre	• Synthèse entre prédestination et éthique catholique de la sainteté • Œcuménisme
Pentecôtistes		1900	États-Unis	• Fonds méthodiste ou baptiste • Baptême par le Saint-Esprit • Discours extatique (glossolalie)
Adventistes	**Adventistes du septième jour**	1860	États-Unis	• Retour imminent du Christ (millénarisme) • Jour du Seigneur le samedi
	Mormons	1830	États-Unis	• Millénarisme • Livre de Mormon révélé par l'ange Moroni et autres écrits ajoutés à la Bible
	Témoins de Jéhovah	1871	États-Unis	• Millénarisme, apocalypse prévue pour 1914, puis 1925, puis 1972 • Interprétation de la Bible communiquée aux seuls Témoins par les Anges

PROTESTANTISME, PROTESTANTISMES. Il est difficile de délimiter le protestantisme. La première hésitation concerne l'anglicanisme : variante insulaire du protestantisme ou synthèse singulière associant, selon un clivage social, une Haute Église d'inspiration proche du catholicisme et une Basse Église d'obédience protestante ? La difficulté majeure concerne les électrons libres qui gravitent autour des Églises issues de la Réforme. Pentecôtisme et adventisme sont incontestablement des branches du protestantisme, mais faut-il inclure des groupes controversés (voir p. 54-55) qui se réclament de la Bible ? Ou les Églises protestantes par défaut, n'étant ni catholiques ni orthodoxes ? Pour établir le planisphère, nous avons inclus les anglicans et comptabilisé les protestants au sens large, adventistes compris, en excluant les groupes controversés.

Il existe une myriade d'Églises protestantes, ayant chacune sa spécificité, son identité, qu'il est difficile de classer. On peut les regrouper selon des critères théologiques, selon la conception du baptême, selon leur organisation épiscopale, synodale ou congrégationaliste, suivant leur position sur le rapprochement avec les catholiques, suivant leur point de vue sur les questions de morale et de société, qui vont du fondamentalisme le plus strict au plus grand libéralisme. Aucun classement n'est totalement satisfaisant...

LES PROTESTANTS DANS LE MONDE

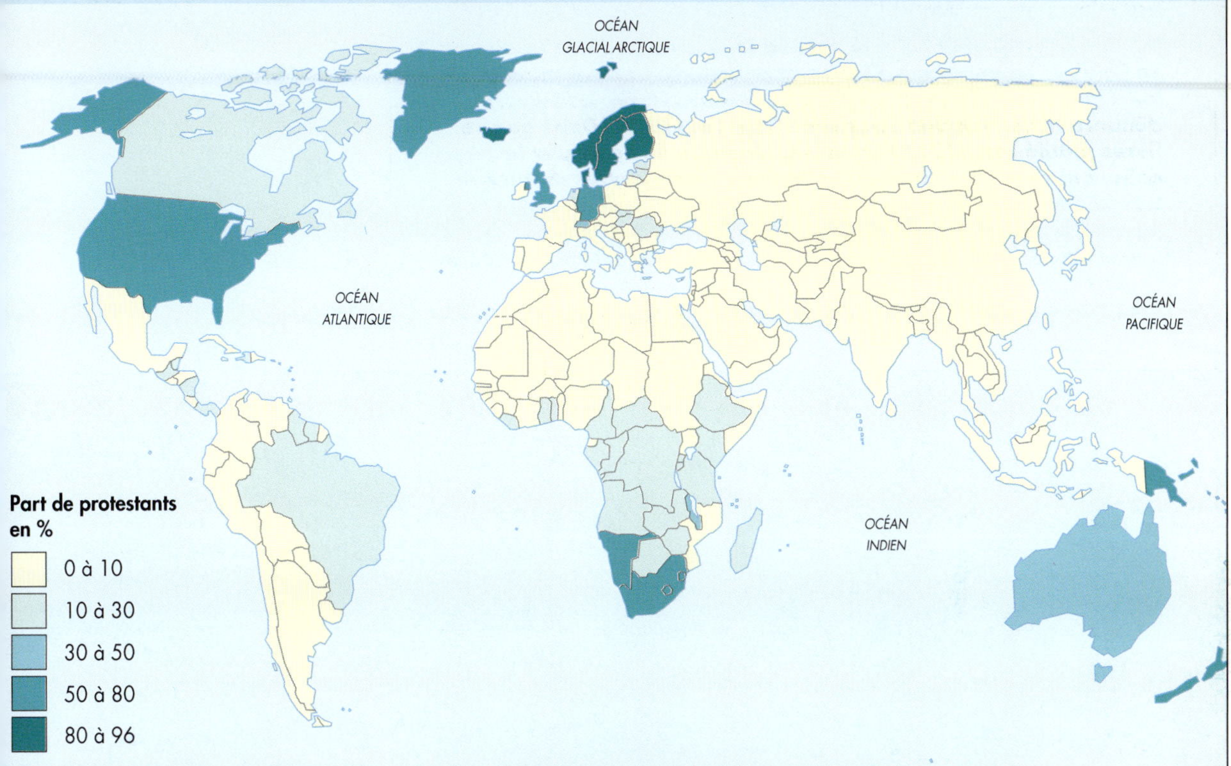

D'après les données de la *World Christian Encyclopedia*, D. Barrett, 2001, pondérées par sources nationales et estimations internationales.

> « *Loin d'être considérée comme un obstacle qu'il conviendrait d'éliminer, l'extrême diversité des Églises est vécue comme une richesse à partager.* »

QUELQUES DIFFÉRENCES

	Protestantisme	Catholicisme
Doctrine du Salut	Prédestination Salut ne peut être ni gagné, ni perdu	Par la foi et les œuvres Salut peut être perdu par la faute et regagné par le repentir
Vérité	Interprétation individuelle des Écritures Familiarité avec la Bible et les Psaumes	Écritures et Tradition de l'Église Importance des Pères de l'Église, par exemple Saint-Augustin
Eucharistie	Présence symbolique commémorant la Cène	Présence réelle du Corps et du Sang du Christ (mystère de la transubtantiation)
Prière	À Dieu sans intercesseur	À Dieu, à la Vierge et aux Saints
Organisation ecclésiale	Décentralisée	Hiérarchique
Clergé	Ordination des femmes Mariage des prêtres	Clergé masculin Célibat des prêtres

L'ÉTHIQUE PROTESTANTE. En 1905, Max Weber publie *L'Éthique protestante et l'esprit du capitalisme*. Ultérieurement critiquée, nuancée, affinée, mais jamais totalement invalidée, sa thèse peut se résumer ainsi : d'abord Luther valorise le salut « dans le monde » et non pas « hors du monde » (les moines dans les monastères) ; ensuite, la doctrine de la prédestination engendre une recherche anxieuse de signes d'élection. La richesse matérielle, l'ascension sociale ou la réussite professionnelle sont perçues comme l'un de ces signes. Clé majeure de la réussite, le travail est placé au centre des préoccupations. Selon l'éthique puritaine, on ne doit ni jouir de sa richesse (tradition philanthropique), ni se reposer dessus (s'enrichir davantage n'est pas condamnable).

L'ISLAM

Les cinq articles de la foi musulmane sont le dogme de l'unicité de Dieu ; la croyance que Mahomet parachève la Révélation ; la croyance dans le Coran, ultime livre sacré, après les Livres d'Abraham, la Torah de Moïse, les Psaumes de David et l'Évangile de Jésus-Christ ; la croyance aux anges ; et la croyance dans la vie après la mort, la résurrection, le jugement dernier, le paradis et l'enfer. La pratique de l'islam (« soumission ») repose sur cinq piliers : l'attestation de foi, les cinq prières quotidiennes selon un rituel prescrit, le pèlerinage à La Mecque, l'aumône et le jeûne du Ramadan. Être musulman, c'est appartenir à la communauté des croyants (Umma).

UNE EXPANSION FULGURANTE

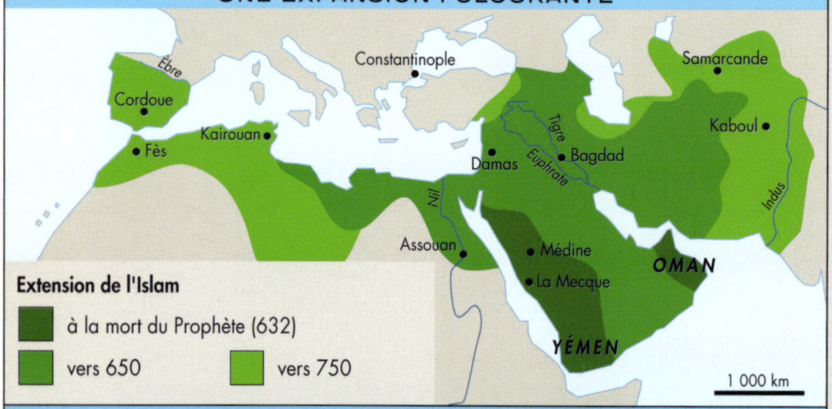

L'ISLAM À LA FIN DU XVIᴱ SIÈCLE

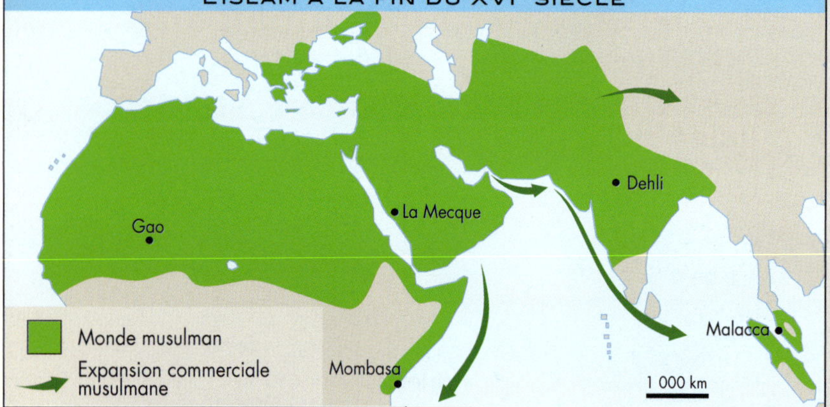

> *Il n'y a de Dieu (Allah) que Dieu et Mahomet est son Prophète.*

DES GUERRIERS AUX MARCHANDS. En 610, Muhammad ibn Abd Allah, respectable caravanier de La Mecque, reçoit ses premiers messages dans le désert. En 622, il quitte La Mecque pour Médine avec quelques compagnons acquis à sa prédication. Cet événement, l'Hégire, marque le début de l'ère musulmane, qui suit un calendrier lunaire. Chef religieux, Muhammad est aussi un chef politique et militaire. À sa mort, en 632, ceux qui suivent le message du Coran contrôlent une bonne partie de la péninsule arabique. Les premiers califes consolident et étendent le territoire de l'islam. La dynastie ommeyade (651-750) fait de Damas la capitale du califat et ouvre une nouvelle phase de conquête. Contenue au nord par l'Empire byzantin, l'expansion de l'islam s'opère vers l'ouest, où la bataille de Poitiers (732) en symbolise l'arrêt, et vers l'est, où elle butte sur la Chine des Tang lors de la bataille de Talas (751). L'islamisation rapide des populations est à mettre au compte tantôt de la coercition, tantôt de la fiscalité, la conversion n'étant pas obligatoire pour les « gens du livre », alors que les païens avaient en principe le choix entre la conversion ou la mort. Les Abbassides (750-1258), dont la capitale est Bagdad, affrontent la contre-offensive chrétienne (Reconquista du XIᵉ au XVᵉ siècle, croisades du XIᵉ au XIIIᵉ siècle). Dès le XIIᵉ siècle, les marchands deviennent le principal vecteur de l'islam à travers comptoirs, étapes et escales sur les routes terrestres et maritimes.

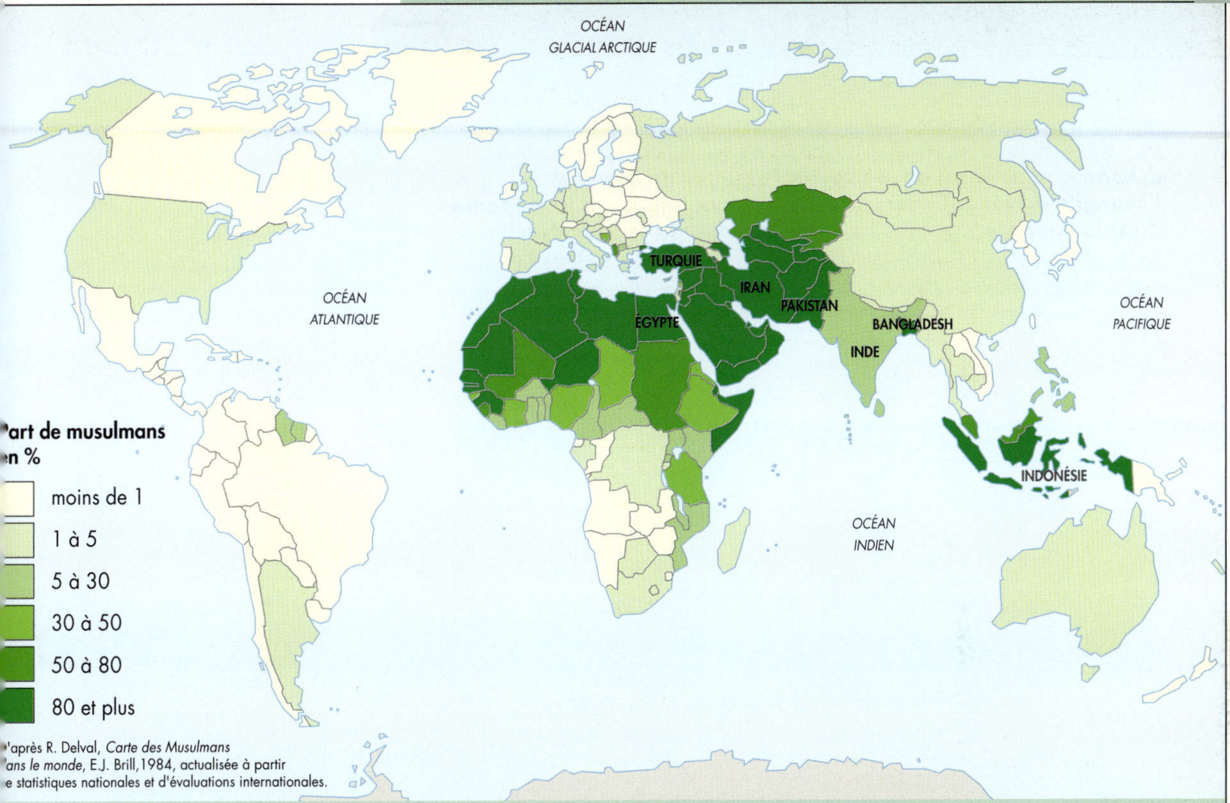

LES MUSULMANS DANS LE MONDE

L'ISLAM CONTEMPORAIN. L'ancrage de l'islam en Afrique du Nord et au Moyen-Orient persiste, de même que sa diffusion au sud du Sahara. En Asie, les musulmans représentent des effectifs considérables malgré un poids relatif assez faible, comme le montre la confrontation de la carte et du graphique pour l'Inde ou la Chine. Les migrations expliquent la présence de communautés musulmanes notables hors des aires d'implantation traditionnelles de l'islam. La progression de l'islam aux États-Unis tient à l'adhésion de Noirs américains (*black muslims*), qui représentent un quart des musulmans des États-Unis, et au développement de l'immigration en provenance de pays musulmans, plus récente qu'en Europe occidentale, où les communautés maghrébine en France, turque en Allemagne, pakistanaise en Grande-Bretagne vivent depuis deux ou trois générations. La diversité des substrats culturels sur lesquels s'est implanté l'islam, sa combinaison avec des traditions locales différentes, son impact individuel et collectif variable selon les régions et les régimes, la pluralité d'interprétations auxquelles se prête le Coran, source du dogme et des rites, code social et moral, permettent de se demander si l'islam est un facteur d'unité ou s'il est fondé de parler d'islams au pluriel. En tout cas, malgré la tradition d'imbrication du spirituel et du temporel dans l'islam, il convient de ne pas confondre l'islam, religion comportant des courants des plus tolérants aux plus sectaires, des plus modernistes aux plus fondamentalistes, et l'islamisme, idéologie qui entend restaurer une cité musulmane idéale, sans réalité historique, et réclame l'application strict du droit musulman (*charia*).

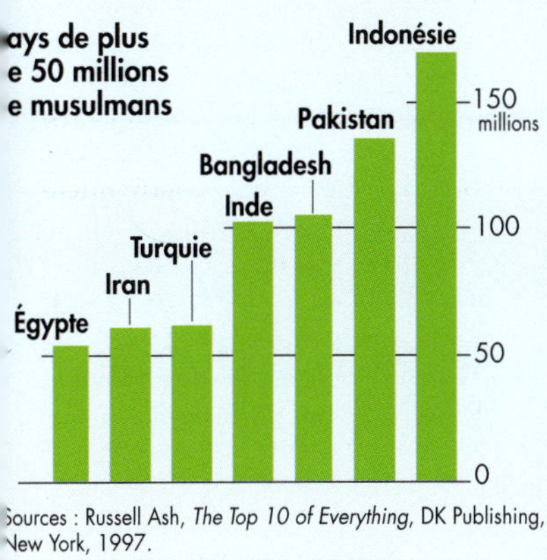

Sources : Russell Ash, *The Top 10 of Everything*, DK Publishing, New York, 1997.

LA DIVERSITÉ DE L'ISLAM

Dès ses débuts, l'islam a connu des divisions, politiques avant d'être religieuses : les successeurs du Prophète furent à la fois les guides de la communauté des croyants et les initiateurs des conquêtes. Cette imbrication du spirituel et du temporel pèsera lourd sur l'histoire de l'islam : les deux schismes en sont nés. On pourrait comparer l'islam à un arbre constitué de trois branches et d'une dizaine de rameaux. Ces courants, ou familles de pensée, musulmans se différencient par leur doctrine, leur interprétation du Coran et la conception du pouvoir.

BRANCHES ET RAMEAUX DE L'ISLAM

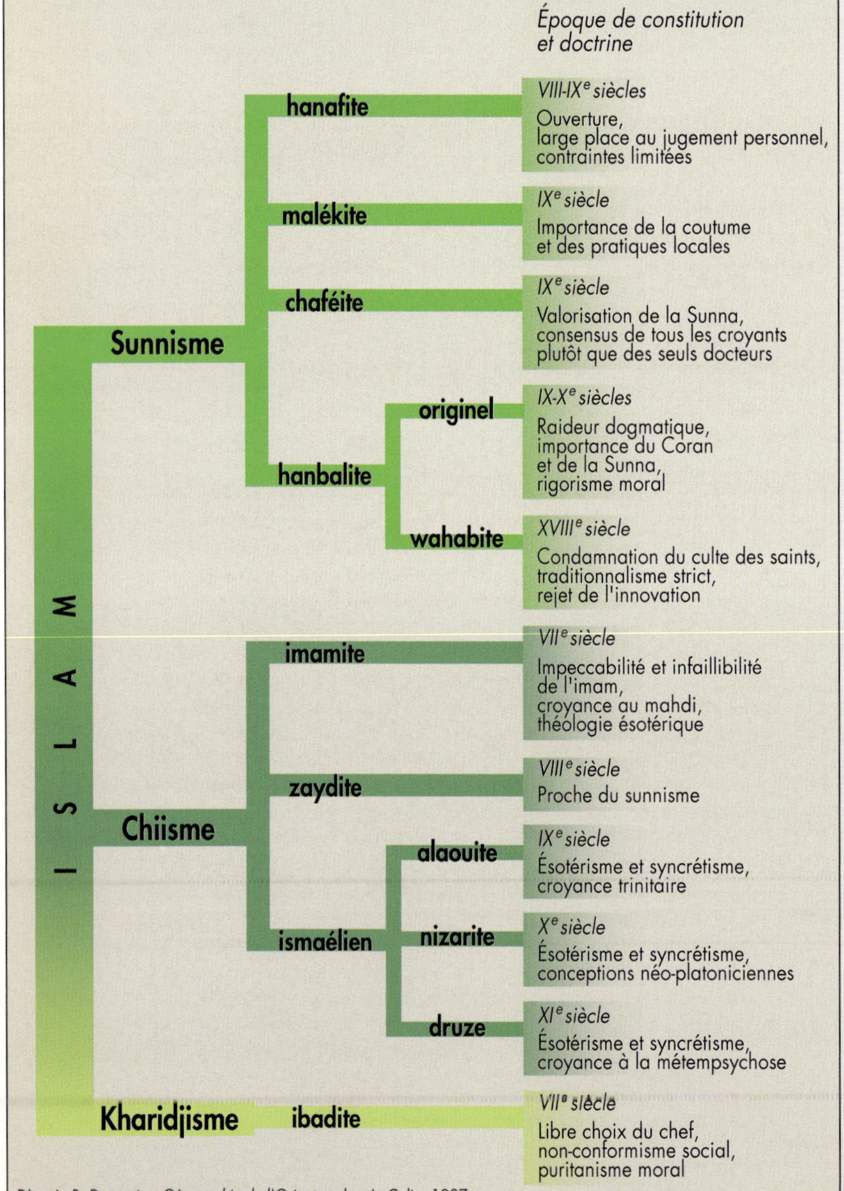

D'après B. Dumortier, *Géographie de l'Orient arabe*, A. Colin, 1997.

LES TROIS BRANCHES DE L'ISLAM remontent aux guerres de succession des premiers temps. À la mort du Prophète (632), Ali, son gendre, est écarté à plusieurs reprises avant d'être finalement élu quatrième calife (« successeur ») en 656. Mais sa légitimité est discutée et un conflit éclate. Ali accepte un arbitrage entre lui-même et Moawiyya, chef des Ommeyades. La plupart des partisans d'Ali, les chiites (de *Shî'a*, « parti ») suivent leur chef ; d'autres, les kharidjites (« ceux qui partent »), refusent le principe de l'arbitrage. Ali est déposé et assassiné en 661 et son fils, Hussein, est tué. Ces deuils sont commémorés chaque année par les chiites pendant le mois d'*Achoura* (vêtements noirs, flagellations) ; les tombeaux d'Ali et d'Hussein, en Mésopotamie, sont des lieux de pèlerinage (voir p. 48-49). Tous ceux qui se rallient progressivement à l'autorité du calife ommeyade sont à l'origine du sunnisme (de *Sunna*, « tradition »). Dès lors, la conception chiite de l'*imam* (guide spirituel) s'oppose à la conception sunnite du calife (souverain temporel), les kharidjites prônant le libre choix du chef.

Dans le sunnisme, l'interprétation théologique, morale et sociale du Coran et de la Sunna, faits et dits du Prophète recueillis dans les *hadith*, revient aux notables lettrés (*oulémas*). Ce courant, majoritaire, s'est divisé en quatre écoles juridiques, tandis que du kharidjisme ne subsiste que la tendance ibadite. Le chiisme, longtemps persécuté, a survécu dans la clandestinité jusqu'à sa proclamation au XVIe siècle comme religion officielle en Iran, où il fut très tôt implanté. Dans le chiisme imamite (duodécimain), dont se détachent à partir du Septième Imam les Ismaéliens (septimaniens), les douze premiers imams ont révélé le sens caché du Coran, confié par le Prophète au Premier Imam (Ali), et le Douzième, occulté, reviendra à la fin des temps. Enfin, il existe une mystique musulmane qui prône l'expérience personnelle du Divin, le soufisme.

LA ZAOUIA DE OUEZZANE AU DÉBUT DU XXE SIÈCLE

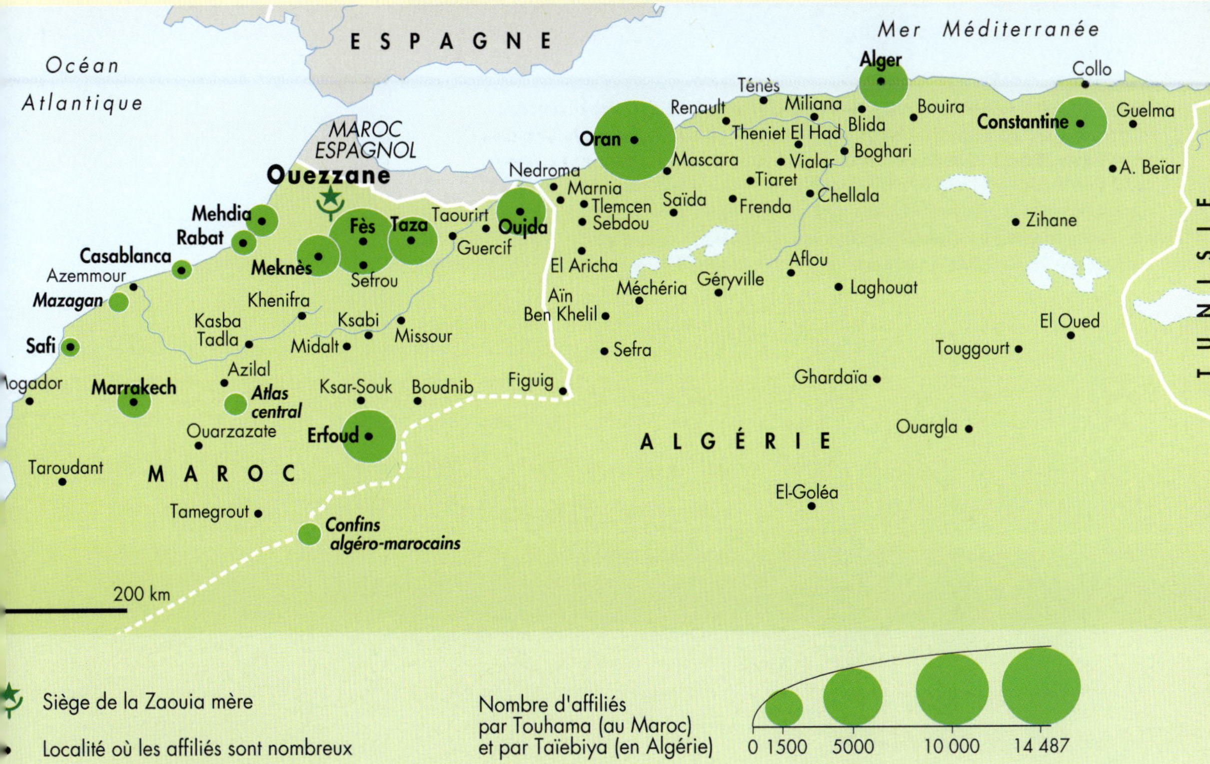

Source : R. Ragala, inédit.

> *Le Coran a un exotérique et un ésotérique ; celui-ci à son tour a un ésotérique, ainsi de suite jusqu'à sept profondeurs ésotériques.*

CONFRÉRIES ET MARABOUTS. Le mot *Zaouia* désigne à la fois une confrérie religieuse et le mausolée à coupole abritant le tombeau d'un marabout (saint). La Zaouia El Ouezzania, l'une des plus grandes confréries soufies du Maroc, doit son succès aux nobles origines de son fondateur, Moulay Abdellah Chérif (1596-1678), descendant du Prophète. Ses descendants en assurèrent l'organisation et l'expansion, lui donnant un rayonnement exceptionnel en Afrique du Nord (du Maroc jusqu'à la Tunisie, la Libye et même l'Égypte en passant par l'Algérie). Le pouvoir comprit vite l'intérêt d'user de l'influence de cette confrérie, notamment dans les zones sensibles. En retour, toute intervention politique de la Zaouia auprès de ses adeptes était l'occasion de nombreux privilèges. Toutes les corporations artisanales de Ouezzane sont affiliées à la Zaouia, chacune ayant son saint protecteur. Moulay Abdellah Chérif est par exemple devenu le patron des tailleurs de djellabas.

La Zaouia vaut à la médina de Ouezzane le nom de Dar Dmana (Maison de la Garantie). Ouezzane garantit en effet hardiment le paradis à tous les moines mendiants (*foqara*) et à tous les affiliés de la confrérie. Cette certitude mystique vaut aussi pour tous les déshérités, qui trouvent à Ouezzane non seulement une promesse de paradis, mais aussi, plus immédiatement, une prise en charge sociale dans la maison de la Zaouia. Ouezzane offre en effet un asile (*horm*), théoriquement inviolable. Les affiliés accordent divers attributs aux saints de Ouezzane, considérés comme l'ultime recours à leurs souffrances. On y vient encore aujourd'hui implorer la guérison des maladies mentales, de la stérilité, demander la pluie après la sécheresse, etc.

LE JUDAÏSME

Le judaïsme est un monothéisme qui repose sur l'alliance conclue par Abraham, renouvelée par Isaac et par Jacob et scellée par Moïse, entre Dieu et son peuple qui doit respecter la Loi (la Torah). La Bible (Tanach), composée de la Torah et autres Écrits, est complétée par la compilation de commentaires rabbiniques (le Talmud), à laquelle peut s'ajouter la Kabbale, interprétation ésotérique.

LES PÉRÉGRINATIONS DES JUIFS DANS L'ANCIEN MONDE

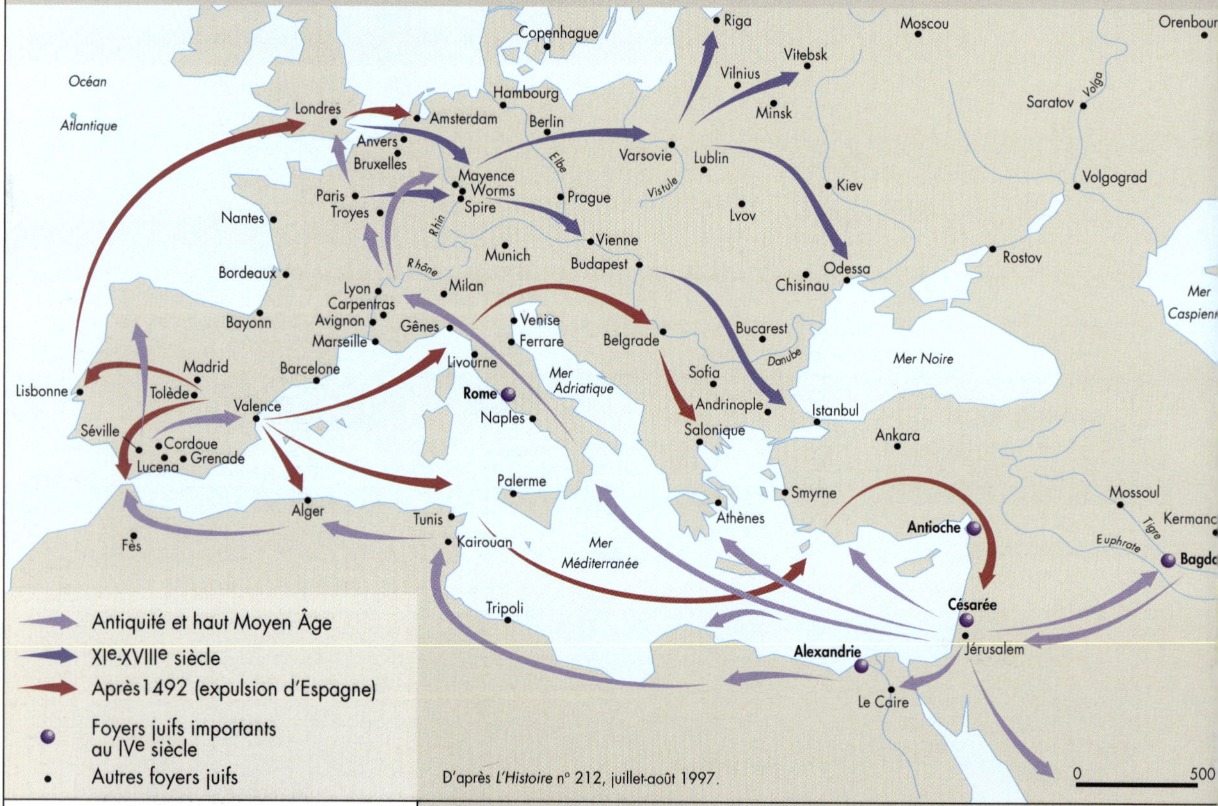

> “ *J'irai vous prendre dans toutes les nations, je vous rassemblerai de tous les pays et je vous ramènerai sur votre terre. Vous habiterez le pays que j'ai donné à vos pères.* ”

LA DIASPORA désigne les communautés juives dispersées dans le monde gréco-romain. La diaspora essaime ensuite dans l'Europe occidentale, tandis que l'expansion de l'islam s'accompagne d'une migration des juifs de l'Orient vers l'Occident. Les exactions de certains croisés conduisent des juifs d'Europe centrale (ashkénazes) vers l'est et l'expulsion des juifs d'Espagne mène ces derniers vers l'empire ottoman et l'Europe du Nord. Dès le XVIIIe siècle, des juifs émigrent vers les États-Unis et le mouvement s'amplifie à partir de la fin du XIXe siècle. La diffusion mondiale du judaïsme, surtout urbaine, ne doit rien au prosélytisme et reflète une histoire marquée par l'exil et l'errance.

POPULATION JUIVE DANS LE MONDE

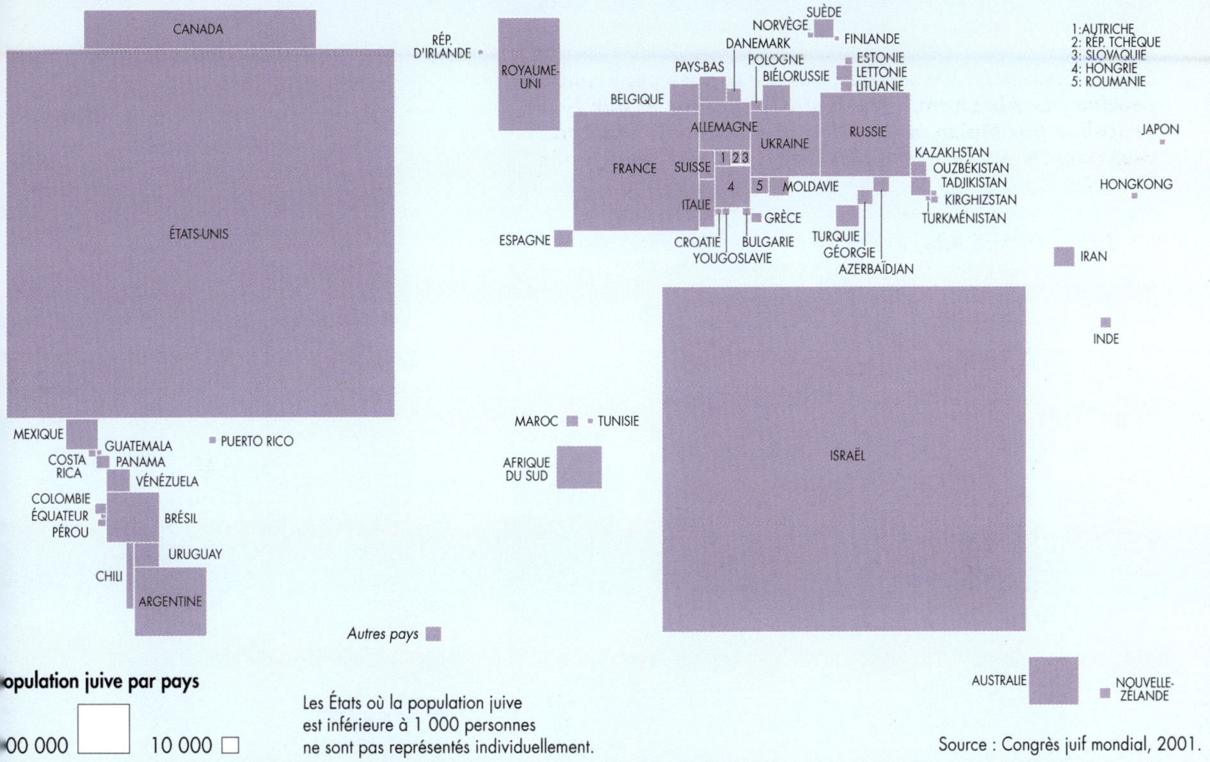

Source : Congrès juif mondial, 2001.

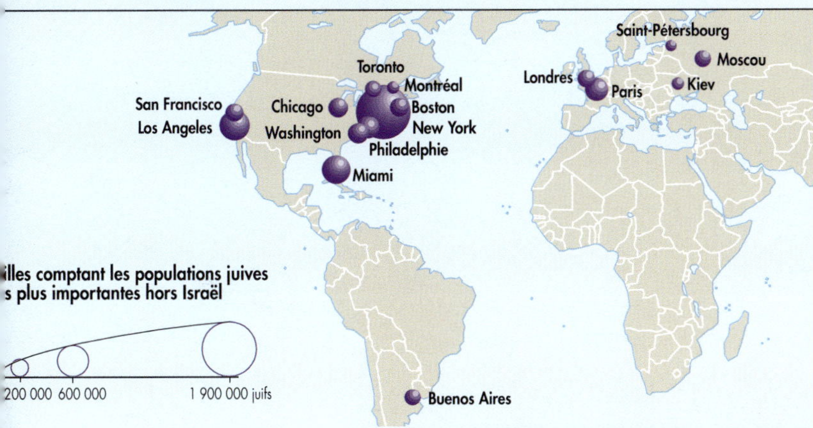

Répartition de la population juive par grandes régions du monde

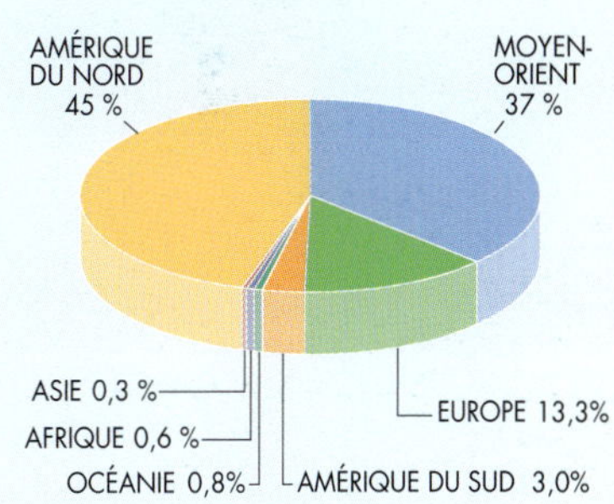

L'IDENTITÉ JUIVE. Si les juifs orthodoxes restent attachés à une interprétation littérale de la Loi et à la stricte observance des prescriptions, entre autres alimentaires, relatives à la pureté (*kasherout*), les libéraux entendent conjuguer judaïsme et modernité. Au judaïsme rabbinique communautaire et fondé sur l'étude, le hassidisme oppose un judaïsme centré sur l'émotion et l'expérience mystique. Au-delà de la diversité des courants religieux où se lit en filigrane l'histoire des différentes communautés, apparaît le débat sur la définition du peuple juif, compliquée par des siècles de dispersion et l'intrication de la nation et de la religion. Se pose aussi la question de l'identité individuelle : on peut s'identifier comme juif sans pratiquer le judaïsme ou en étant athée ; mais, même après avoir renoncé à son appartenance culturelle pour une complète assimilation, on peut rester juif dans le regard des autres.

MÉMOIRE ET TERRITOIRE DU PEUPLE JUIF

L'ALIYAH (montée) obéit à des mobiles religieux. L'immigration en Israël peut aussi répondre à des motifs politiques ou économiques. La première vague, lors de la mise en place de l'État d'Israël, concerne surtout des ashkénazes européens, mais aussi des juifs orientaux dont la situation se dégrade dans les pays arabes. La décennie suivante, les indépendances provoquent le départ des juifs d'Afrique du Nord vers la France ou vers Israël. Après 1990, on assiste à la reprise spectaculaire de l'émigration de juifs russes. À cela s'ajoutent à la fois des migrations diffuses et des vagues ponctuelles d'origine spécifique comme les Falasha (juifs éthiopiens) en 1984. Les trajectoires migratoires sont complexes : des familles juives d'Afrique du Nord s'installent en France avant de partir en Israël ou font un essai en Israël avant de se fixer en France. Israël est aussi un pays de transit avant une migration définitive vers l'Amérique.

L'ÉMIGRATION VERS ISRAËL

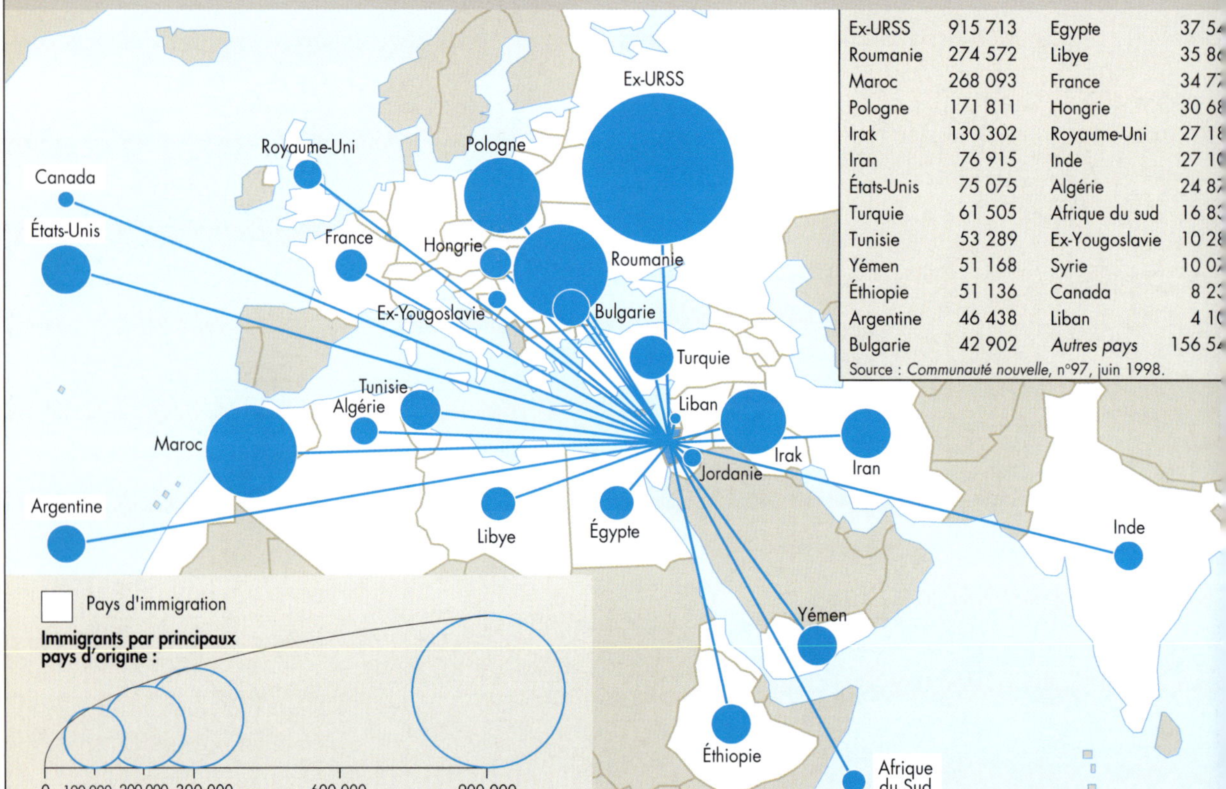

Ex-URSS	915 713	Egypte	37 5
Roumanie	274 572	Libye	35 8
Maroc	268 093	France	34 7
Pologne	171 811	Hongrie	30 6
Irak	130 302	Royaume-Uni	27 1
Iran	76 915	Inde	27 1
États-Unis	75 075	Algérie	24 8
Turquie	61 505	Afrique du sud	16 8
Tunisie	53 289	Ex-Yougoslavie	10 2
Yémen	51 168	Syrie	10 0
Éthiopie	51 136	Canada	8 2
Argentine	46 438	Liban	4 1
Bulgarie	42 902	*Autres pays*	156 5

Source : *Communauté nouvelle*, n°97, juin 1998.

LA TERRE PROMISE. Quand, il y a près de 4 000 ans, en Mésopotamie, Dieu dit à Abraham « Quitte ton pays et va vers celui que je te montrerai. Je ferai de toi une grande nation », celui-ci gagna le pays de Canaan, sur la rive droite du Jourdain. Les douze fils de Jacob, fils d'Isaac, petit-fils d'Abraham, partirent pour l'Égypte. Réduits ensuite en esclavage, les Hébreux, conduits par Moïse, regagnèrent le pays de Canaan après une traversée miraculeuse de la mer Rouge. Les douze tribus d'Israël forment un peuple défini par son Dieu, sa terre et sa langue. Après la disparition d'Israël comme entité politique dans l'Antiquité, la diaspora entretint la mémoire de la Terre promise qui n'était pas un au-delà allégorique, mais un espace géographique entre Méditerranée et Jourdain, un territoire jadis contrôlé par les Hébreux, un lieu mythique que le peuple d'Israël a quitté à plusieurs reprises pour y revenir au nom d'une légitimité religieuse. En dépit de son idéal politique laïc, le sionisme découle de cette culture, dans la mesure où il a actualisé le thème du retour à Sion (voir plan de Jérusalem p. 48) dans une diaspora en butte à un antisémitisme rendant hasardeuse l'option de l'assimilation. La publication de *L'État juif* de Théodore Herzl en 1896 précéda d'un an le premier congrès sioniste. En 1948 est proclamé l'État d'Israël, qui compte actuellement 80 % de juifs et 18 % de musulmans.

LE BILAN DE LA SHOAH

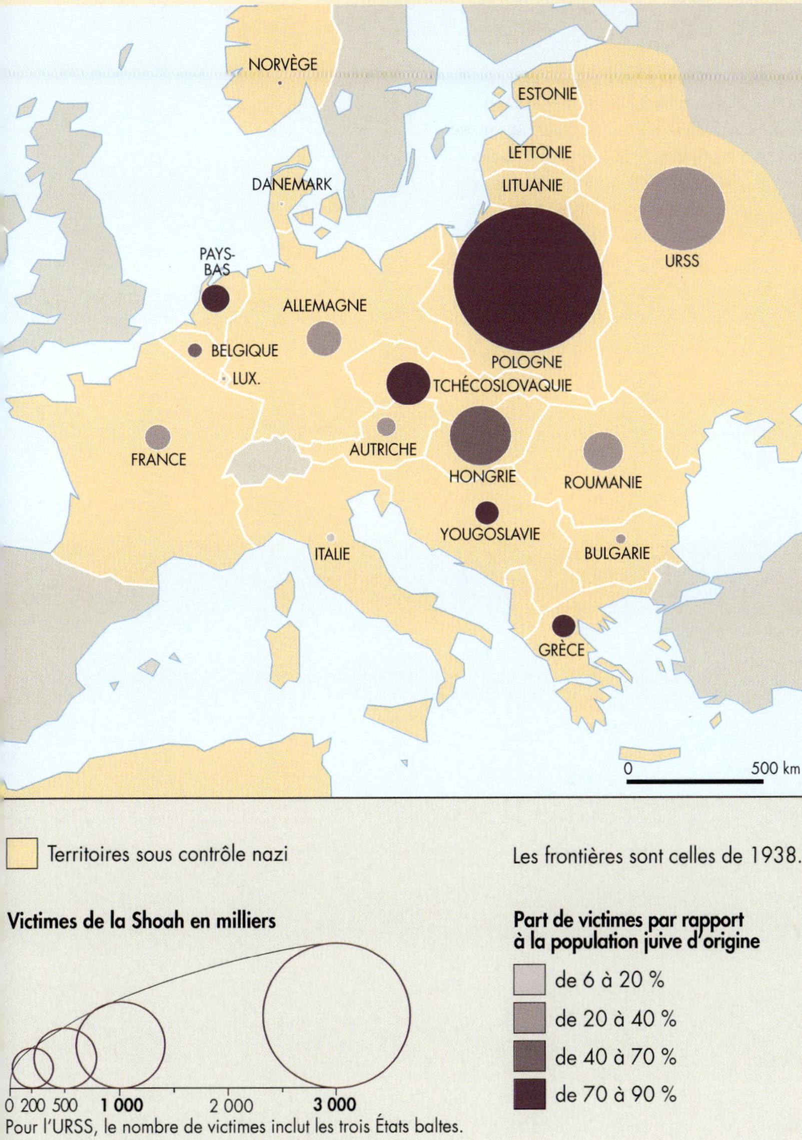

Pour l'URSS, le nombre de victimes inclut les trois États baltes.

Source : G. Bensoussan, *Histoire de la Shoah*, Que Sais-je? , PUF, 1996.

L'ANTISÉMITISME est le terme usuel pour désigner l'hostilité contre les juifs, même si les Arabes sont aussi des sémites. Il cache une réalité multiforme, qui remonte à l'Antiquité. Au Moyen Âge, les juifs, tantôt tolérés, tantôt pourchassés, sont soumis à une ségrégation (ghettos européens et *mellahs* du monde musulman), qui n'exclut pas une intégration économique malgré un statut subordonné. En terre d'islam, ils partagent avec les chrétiens le statut de *dhimi* (protégé) et leur sort est souvent plus enviable que celui de leurs coreligionnaires de l'Occident chrétien, où se développe le thème du juif déicide, responsable de la mort du Christ, et le stéréotype de l'usurier juif. L'émancipation juridique des juifs inaugurée par la Révolution française et qui se répand en Europe ne règle pas la « question juive », comme le montrent les pogroms (massacres) en Allemagne et en Russie, ou l'affaire Dreyfus. L'arrivée au pouvoir de Hitler (1933), les premières mesures discriminatoires, la mise à sac des établissements juifs (Nuit de cristal, 9-10 novembre 1938), ouvrent la voie à la « solution finale » (mise en place entre le printemps et l'automne 1941), l'extermination complète. Malgré l'horreur de la Shoah (« catastrophe ») – mot préférable à celui d'« holocauste » qui donne au génocide une curieuse résonance de sacrifice –, l'antisémitisme n'a pas disparu.

“

N'oubliez pas
que cela fut,
Non, ne l'oubliez pas :
Gravez ces mots
dans votre cœur.
Pensez-y chez vous, dans la rue,
En vous couchant,
en vous levant ;
Répétez-les à vos enfants.

”

L'HINDOUISME

L'hindouisme est une religion syncrétique, polythéiste et fragmentée, dérivant de l'intégration de cultes indigènes au védisme apporté par les Aryens. L'hindouisme n'a pas de dieu vénéré par tous, ni de pratiques communes, ni d'organisation hiérarchisée. Il existe des centaines de divinités aux formes et aux noms différents. Deux dieux principaux, Shiva et Vishnou, organisent ce panthéon. Différent de l'hindouisme brahmanique professé par les lettrés, l'hindouisme populaire révère des divinités de village à la fois tutélaires et terribles, chaque communauté ayant ses divinités favorites.

L'HINDOUISME, RELIGION OU SOCIÉTÉ ? L'ensemble des êtres est placé sur une hiérarchie de pureté. Les êtres humains se classent dans des *varna* (ordre), décrits dans les Védas, textes sacrés du X-IVe siècle av. J.-C. Trois *varna* considérés comme supérieurs regroupent les « deux fois nés » : le premier est celui des brahmanes, assurant les fonctions religieuses, le second celui des *kshatriya*, assurant les fonctions royales et guerrières, le troisième celui des *vaishya*, assurant les fonctions d'échanges. Ceux qui produisent forment le vaste groupe des *shudra*. Il existe enfin un groupe hors *varna*, les « intouchables », ainsi nommés parce que leur contact est source d'impureté. Cette hiérarchie recoupe celle du système des castes, constitué d'innombrables *jati* ou groupes héréditaires endogames et localisés, qui peuvent être liés, de nos jours encore, à une activité économique. Cette organisation sociale, censée reproduire l'ordre cosmique, s'accompagne d'une forte ségrégation géographique. Selon la *Vastu Vidya* (science de l'architecture) les *varna* se répartissent selon les points cardinaux et les brahmanes vivent près du temple, au nord, la direction la plus favorable. Dans les villes et les villages de l'Inde contemporaine, une organisation sociale de l'espace répondant à ces règles reste perceptible, mais l'appartenance de caste procure avant tout à l'individu une identité qui régit ses relations avec les autres. Selon la Constitution, l'État indien se doit de traiter sur le même plan toutes les religions et de combattre les rivalités religieuses ainsi que toute discrimination liée à l'appartenance de caste, pratiquant néanmoins une discrimination positive envers les groupes reconnus comme les plus bas.

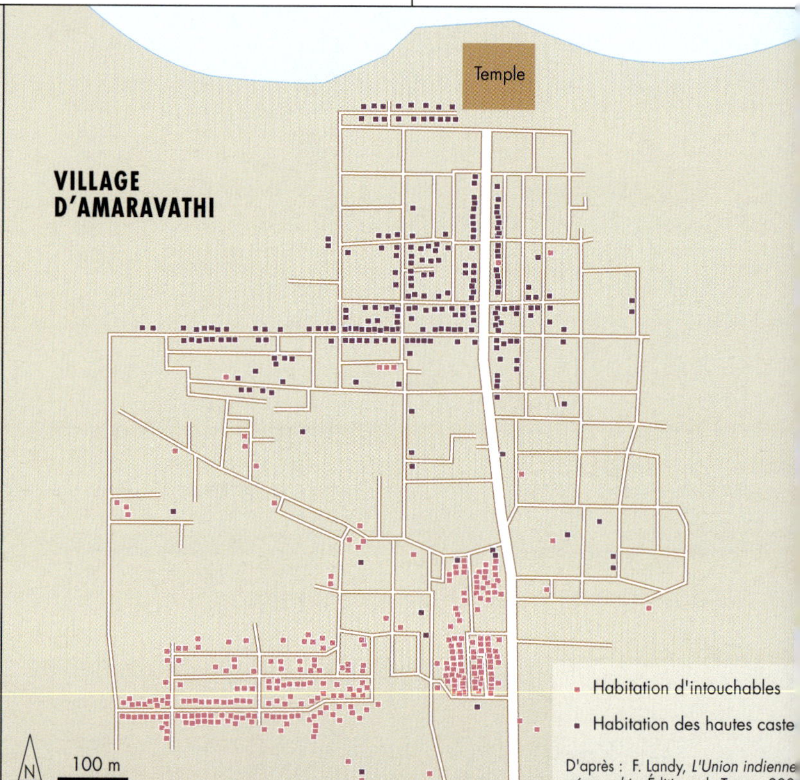

INTOUCHABLES ET HAUTES CASTES

> « *Compte tenu de l'importance conservée par la religion dans la vie quotidienne, dans les structures économiques et l'organisation spatiale d'une Inde au cœur de l'hindouisme, aux marges de l'islam et du bouddhisme, les enjeux socio-religieux et communautaires risquent de déterminer l'avenir du pays.* »

18 % DES INDIENS NE SONT PAS HINDOUS. L'hindouisme domine presque partout, mais, dans le nord-est himalayen, au Cachemire et au Penjab se trouvent des districts ayant moins de 20 % d'hindous. Une telle répartition a des conséquences géopolitiques, les zones peu hindouisées étant des territoires frontaliers. À plus de 90 % sunnites, les musulmans représentaient, en 1991, 12,1 % de la population indienne. Leur grande dispersion géographique n'exclut pas des localisations préférentielles. Au contact de l'hindouisme et les musulmans descendant pour une large part de populations hindoues converties, l'islam indien a intégré les castes (*zat*). Aux deux tiers catholiques, les chrétiens représentaient 2,3 % de la population en 1991. Leur localisation traduit l'établissement de l'Église syrienne du Malabar, fondée, dit-on, par l'apôtre Thomas, et le travail des missionnaires à l'époque moderne. Elle reflète aussi la conversion, à partir de la fin du XIXe siècle, de populations aborigènes chamanistes. Les sikhs (1,9 % de la population en 1991) pratiquent une religion mêlant islam et hindouisme, fondée à la fin du XVe siècle par Guru Nanak. Bien que né en Inde, le bouddhisme (0,8 %) ne se rencontre que dans l'Himalaya, au contact du monde chinois, et au Maharashtra, où des intouchables se convertirent en masse en 1956 pour protester contre la hiérarchie des castes. Le jaïnisme (0,4 %), fondé par Vardhamana Mahavir au VIe siècle av. J.-C., appelle à surmonter la violence et voit dans le divin un état de l'existence à côté de l'animal, de l'humain et de l'infernal. Il a disparu de son berceau oriental et ne subsiste que dans les communautés marchandes urbaines du Gujarat ou du Marwar. Enfin, les religions traditionnelles des tribus vivant dans les espaces reculés ont souvent laissé la place au christianisme.

GÉOGRAPHIE RELIGIEUSE DE L'UNION INDIENNE

…e : Census of Population, 1991 (1981 pour le Cachemire).

Tous les hindous ne sont pas indiens. Le seul pays au monde à avoir pour religion officielle l'hindouisme est le Népal. Le Sri Lanka, officiellement bouddhiste, est largement hindouiste et l'aire jadis touchée par l'hindouisme a pour vestiges les temples ruinés d'Angkor au Cambodge et la religion de Bali (voir p. 44).

LE BOUDDHISME

Élaboré dans les castes princières urbaines indiennes en réaction contre le pouvoir des brahmanes, le bouddhisme offre, contrairement au brahmanisme pour qui la voie spirituelle est réservée à certains, une voie ouverte à tous. Cependant, la vie monastique (le shanga, communauté des moines), à l'image de celle que le Bouddha mena avec ses disciples jusqu'à sa mort à 80 ans, est la voie privilégiée.

UNE RELIGION ASIATIQUE

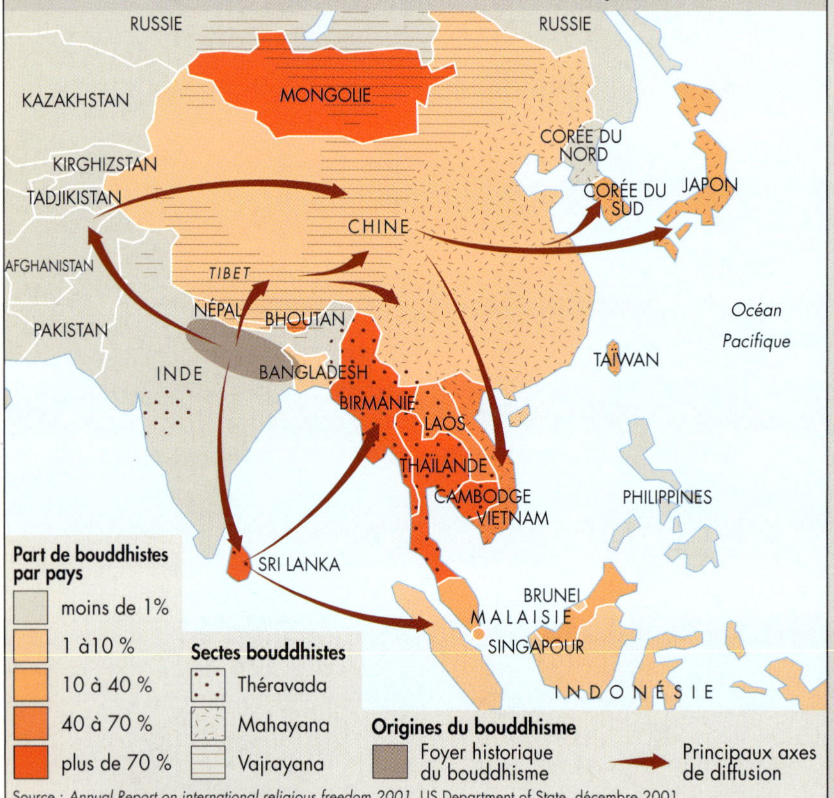

Source : *Annual Report on international religious freedom 2001*, US Department of State, décembre 2001.

LES BRANCHES DU BOUDDHISME. Au cours des siècles, le bouddhisme se diversifie en même temps qu'il se répand. La « doctrine des Anciens », ou *Theravada* ou encore *Hinayâna* (Petit Véhicule), reste la plus fidèle à l'enseignement oral du Bouddha et à sa personne. Le *Mahayâna* (Grand Véhicule) s'est constitué, à partir d'une effervescence philosophique et théologique, par l'introduction de nombreux saints personnages (les *bodhisattva*) à qui s'adressent des cultes dévots. Il se répand vers le nord-ouest, gagnant l'Asie centrale et, au début du Ve siècle, la Chine, où le bouddhisme ne s'oppose pas foncièrement au taoïsme ni au confucianisme. Introduit en Corée puis au Japon au siècle suivant, il génère de nombreuses écoles, dont la plus connue en Europe est le zen, fondé sur la méditation assise. Au Tibet, atteint au VIIe siècle, se développe une forme originale, le *Vajrayana* ou Véhicule de diamant, où se mêlent au chamanisme les influences du tantrisme, enseignement ésotérique se transmettant de maître à disciple. Les chefs spirituels qui gouvernent le Tibet depuis le XIe siècle sont les réincarnations successives de *bodhisattva*. L'occupation chinoise, depuis 1950, cherche à éradiquer le bouddhisme, qui reste l'âme de la résistance, malgré l'exil de ses dirigeants en Inde, en Europe et en Amérique, où s'est diffusée la doctrine, notamment grâce à la personnalité du Dalaï-Lama.

« *Ce qu'est la douleur, voilà ce que je vous ai annoncé. Ce qu'est l'origine de la douleur, voilà ce que je vous ai annoncé. Ce qu'est l'abolition de la douleur, voilà ce que je vous ai annoncé. Ce qu'est la voie pour y parvenir, voilà, ô disciples, ce que je vous ai annoncé.* »

BOUDDHA ET LES QUATRE NOBLES VÉRITÉS. Né vers 563 av. J.-C. en Inde, Siddarta Gautama, élevé dans le luxe, découvre brutalement, au cours de quatre sorties, la maladie, la vieillesse, la mort, mais aussi la joie du « renonçant », le visage illuminé de bonheur d'un moine errant. Il quitte alors tout pour se mettre à la recherche de la Vérité. Sa quête passe d'abord par un ascétisme rigoureux qui met sa vie en danger, puis par une très longue méditation qui l'amène enfin à l'illumination (*bodhi*). Il devient le Bouddha, « celui qui s'est éveillé », et énonce les quatre nobles Vérités. Tout est douleur. L'origine de la douleur réside dans l'ignorance du caractère non permanent des choses et donc dans le désir et la soif de vivre. C'est pourquoi il faut combattre l'ignorance par la connaissance et la soif par le détachement. Pour cela, on doit suivre la Voie enseignée par le Bouddha : le *dharma*, qui permet de parvenir au *nirvana* (« extinction ») et d'échapper à la roue du *samsara*, la réincarnation sans fin.

LE SUCCÈS DU BOUDDHISME

…rce : F. Lenoir, *Le bouddhisme en France*, Fayard, 1999.

LES FONDATIONS BOUDDHISTES EN FRANCE concernent d'abord des réfugiés du Sud-Est asiatique, theravadins cambodgiens ou laotiens, et mahâyanistes vietnamiens (environ 400 000 personnes). Leurs centres sont essentiellement des pagodes urbaines, surtout à Paris et dans sa banlieue. Les adeptes du bouddhisme japonais dans sa version zen fréquentent des centres répartis dans toute la France urbaine. Enfin, pour les fidèles du bouddhisme tibétain, les plus nombreux parmi les Européens, il s'agit surtout de vastes monastères implantés en milieu rural, qui accueillent de nombreux retraitants, relayés par des centres de méditation urbains. On peut estimer que 15 000 convertis sont des pratiquants fidèles du bouddhisme. Les pratiquants occasionnels seraient cinq fois plus nombreux et les sympathisants, d'origine chrétienne et séduits par la tolérance et la liberté laissée à chacun de suivre sa propre voie, s'élèveraient à quelques millions.

LES RELIGIONS DE LA CHINE ET DU

Taoïsme, confucianisme et shintoïsme sont des termes génériques englobant chacun des croyances et des pratiques diverses, voire contradictoires. Ici la religion n'est pas fondée sur une transcendance divine ou des dieux anthropomorphes et une appartenance religieuse n'est pas exclusive d'une autre. Ainsi, la religiosité japonaise se singularise par le mélange intime de traditions autochtones et de traditions étrangères nipponisées. En Chine, la culture dominante des Hans oppose ou concilie trois voies : celle de la nature (taoïsme), celle de la société (confucianisme) et celle, importée mais sinisée, du bouddhisme.

LE TAOÏSME intègre l'héritage religieux de la Chine ancienne (naturalisme, culte des ancêtres, chamanisme) et les enseignements de Lao-Tseu (le Vieux Maître), au VIe siècle av. J.-C. Il va de pratiques populaires magiques à la recherche mystique du Tao, entité indéfinissable et inintelligible. La conception du monde et de l'homme, fondée sur la connaissance de la nature, est centrée sur le Qi (énergie primordiale) et sur les principes opposés mais interpénétrés du Yin et du Yang. Elle marque profondément l'histoire des sciences, les pratiques corporelles, la médecine et l'habitat (géomancie).

LE CONFUCIANISME est une morale individuelle, sociale et politique, qui n'est fondée ni sur une révélation, ni sur une foi, ni sur une métaphysique, mais sur la connaissance de la nature humaine. Des rites marquant les grandes étapes de la vie s'y sont ajoutés. Le confucianisme repose sur les Quatre Livres, dont les Analectes, recueil de maximes, préceptes et paraboles de Confucius (604-531 av. J.-C.), les écrits de Mencius (370-290 av. J.-C.) et les Cinq Chroniques. L'amour au sein de la famille, la droiture, l'honnêteté et la fiabilité, la bienveillance, la loyauté envers l'État sont des valeurs majeures du confucianisme.

ASPECTS DE LA RELIGION EN CHINE

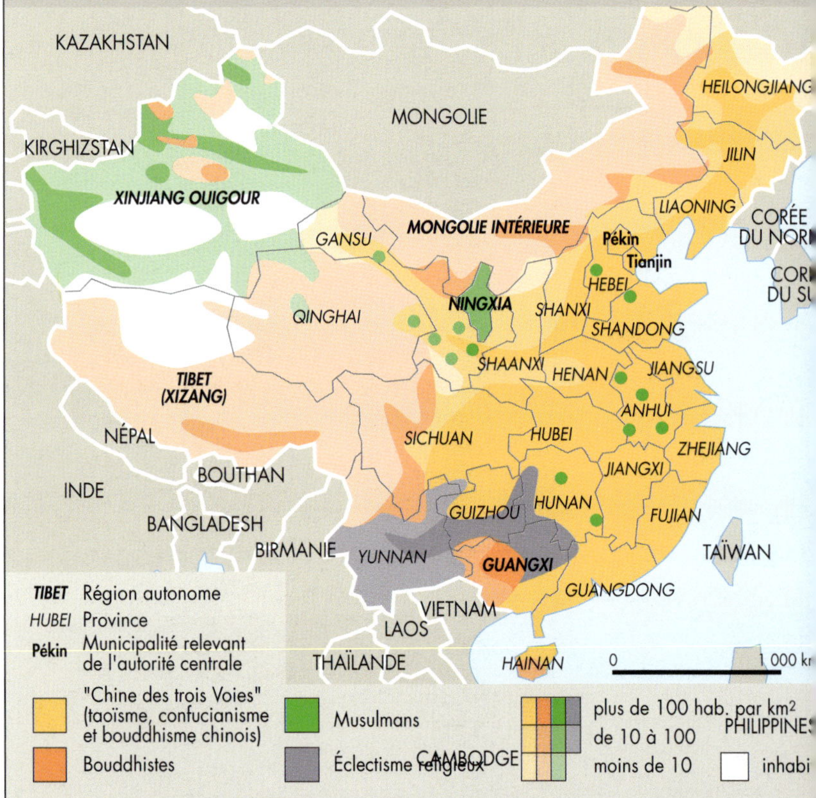

LES MINORITÉS EN CHINE. 90% des Chinois sont des Hans, ensemble de populations partageant une civilisation agricole (riziculture irriguée), une écriture et un commun mépris envers les minorités ethniques et linguistiques qui occupent 60 % du territoire. Celles-ci posent des problèmes géopolitiques dont la dimension religieuse ne saurait être niée. Aux musulmans turcophones du Xinjiang s'ajoutent les Huis (« Hans musulmans ») à la localisation diffuse en dehors du Ningxia. Le bouddhisme lamaïste est un élément majeur de l'identité des Tibétains qui résistent à une intégration brutale comme à une assimilation lente. La mosaïque ethnique du Sud-Est présente une grande diversité religieuse : religions autochtones, bouddhisme, christianisme, etc.

LES TEMPLES À KYOTO

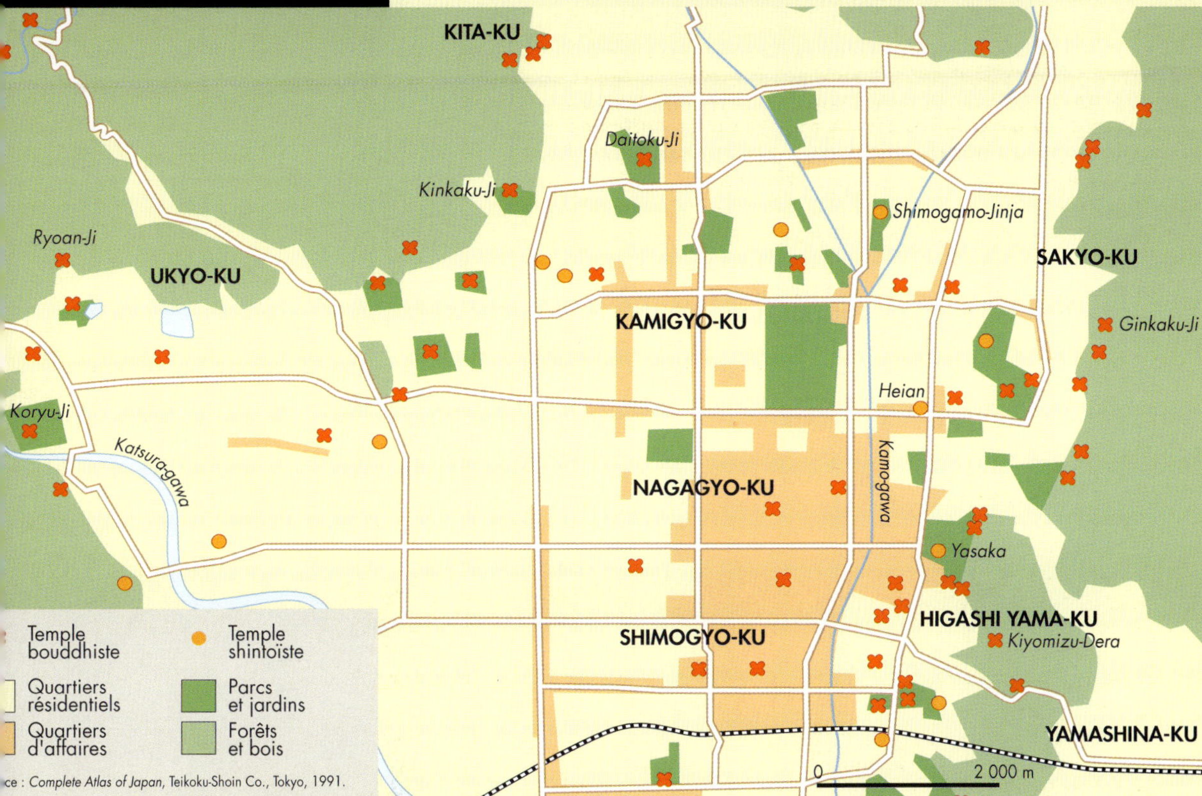

ce : *Complete Atlas of Japan*, Teikoku-Shoin Co., Tokyo, 1991.

LA RELIGIOSITÉ JAPONAISE. On peut considérer qu'il y a au Japon 80 % de shintoïstes et 80 % de bouddhistes, du fait de la symbiose entre les deux religions. Le shintoïsme, religion autochtone du Japon, est un ensemble de cultes rendus aux *kami*, êtres supérieurs aux humains, qu'ils soient *kami* ancestraux ou *kami* de la nature. À l'orée des temples, construits près de bois, de sources, de rochers, des portiques (*tori*) séparent le monde des humains du sanctuaire. Des chroniques mythologiques rédigées au VIe siècle relatent la création du Japon et des Japonais par le couple de *kami* primordiaux, Izanami et Izanagi, et racontent l'histoire de la déesse du Soleil, *kami* ancestral de l'Empereur. Légitimant l'Empire et l'empereur, le shintoïsme fut promu religion nationale de 1858 à 1945. Le shintoïsme des sectes a survécu au shintoïsme d'État (voir p. 55).

LES LIEUX SACRÉS DU JAPON

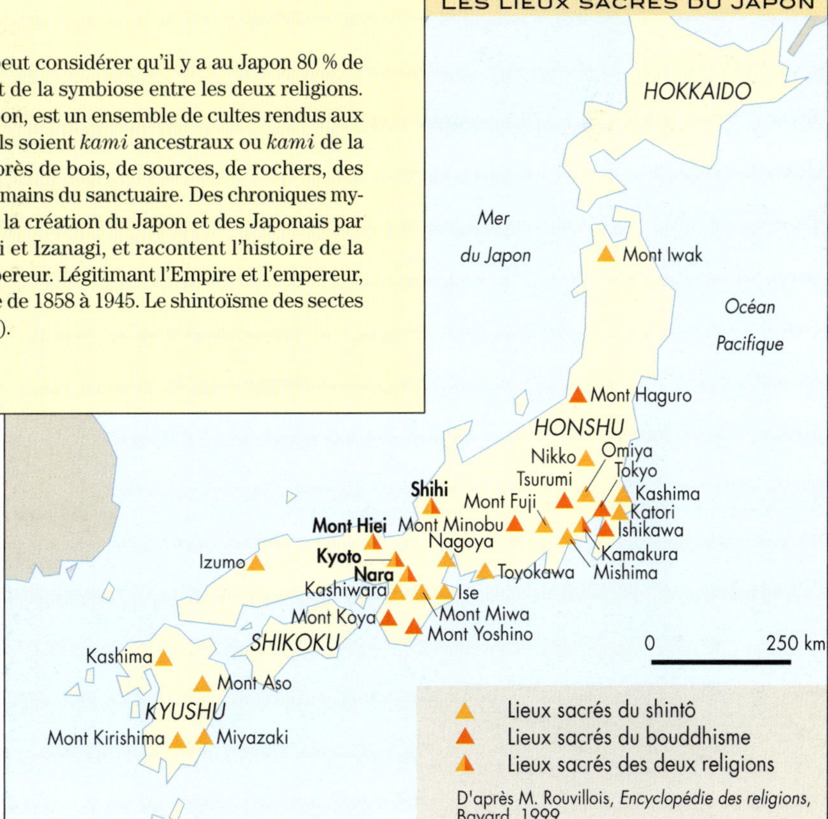

D'après M. Rouvillois, *Encyclopédie des religions*, Bayard, 1999.

> « *Comme il est admirable celui qui ne pense pas « la vie est éphémère » en voyant un éclair !* »

Géographie religieuse du continen

Les cultes traditionnels africains ne s'adressent généralement pas au Dieu suprême, lointain et relativement indifférent aux humains bien qu'omniprésent, mais à la multitude des Esprits qui peuplent l'au-delà. Médiateurs bienveillants ou hostiles qu'il faut se concilier pour maintenir l'ordre du monde, on les prie, on leur offre libations et produits de la terre, on leur sacrifie des animaux. Les divinités choisissent ceux qui leur serviront d'interprètes et en prennent possession au cours de cérémonies codifiées. À chaque ethnie correspond une combinaison de puissances qu'il convient d'honorer et de respecter.

La diversité des confessions en Afrique

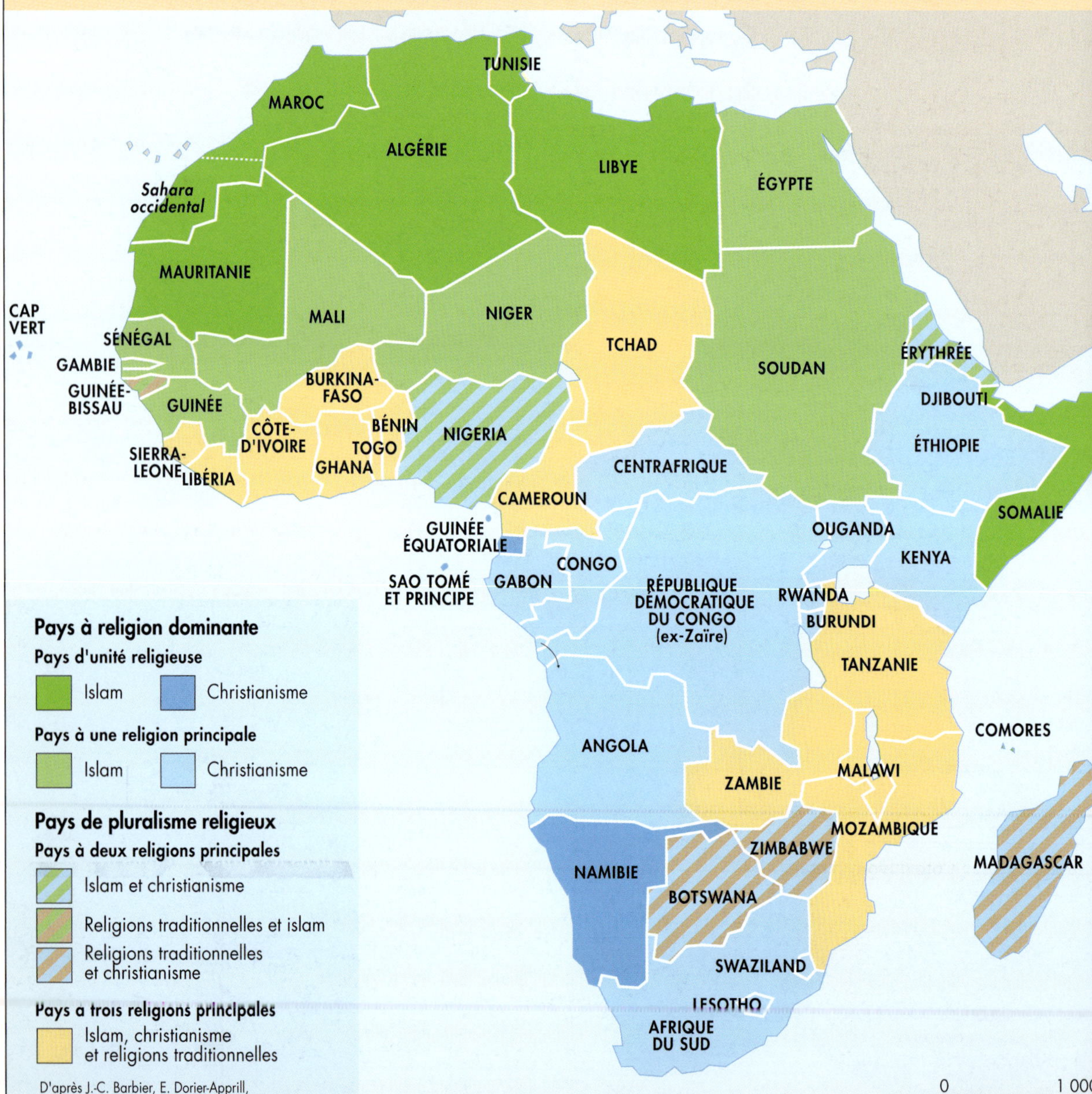

D'après J.-C. Barbier, E. Dorier-Apprill, *Annales de géographie* n° 588, mars-avril 1996.

UN CONTINENT PLURALISTE.

Si une carte à l'échelle mondiale (voir p. 10-11) oppose une Afrique musulmane au nord, centrée sur le Maghreb, et une Afrique chrétienne au sud, centrée sur le bassin du Congo, une cartographie plus précise montre les complexités religieuses du continent. En effet, même si elles ne sont plus majoritaires dans aucun pays, les religions coutumières locales conservent des adeptes sous une forme traditionnelle (les traditionalistes) ou rénovée (les revitalistes) et imprègnent l'islam et le christianisme. En outre, certains pays musulmans abritent des minorités chrétiennes et réciproquement, tandis que d'autres pays sont bi ou triconfessionnels.
L'Afrique du Nord se caractérise par la prépondérance absolue de l'islam (95 % de musulmans), que l'on retrouve dans la corne de l'Afrique. Dans les autres pays majoritairement musulmans, il existe des minorités chrétiennes, parfois menacées. En effet, l'islam africain, tolérant, évolue vers l'islamisme dans les zones de front avec le christianisme. Au Soudan (73 % de musulmans, 17 % de traditionalistes, 10 % de chrétiens), le régime islamiste de Khartoum contrôle difficilement les populations non musulmanes du sud, où se trouvent les ressources pétrolières. Le gouvernement use de la violence pour réprimer les revendications. Un cessez-le-feu a, pour l'instant, mis fin à cette guerre civile, où les différences ethniques et linguistiques interfèrent avec l'antagonisme religieux.
Il existe peu de pays exclusivement chrétiens. Des minorités traditionalistes (entre 10 et 40 % de la population) subsistent dans les pays chrétiens, souvent caractérisés par un émiettement des Églises : les Églises chrétiennes autochtones, comme le harrisme en Côte d'Ivoire, intègrent des pratiques traditionnelles, tandis que des syncrétismes comme le Bwiti gabonais empruntent des symboles au christianisme. De même, les musulmans concilient souvent obligations religieuses de l'islam et règles sociales coutumières, comme les Mourides au Sénégal.

DES SYNCRÉTISMES AFRO-AMÉRICAINS

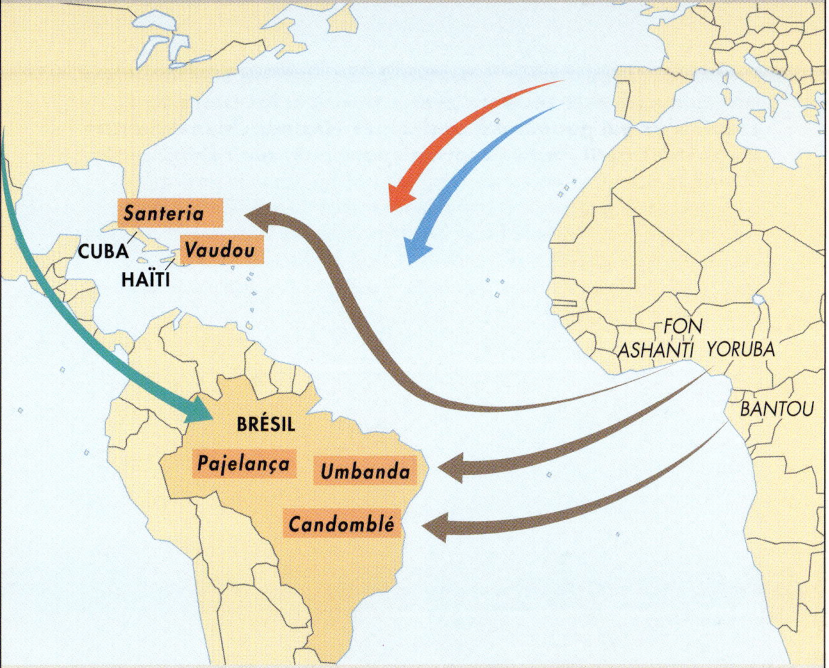

- Influence des religions africaines
- Influence du spiritisme
- Influence chrétienne ancienne : catholicisme
- Influence chrétienne récente : protestantisme
- **Vaudou** : Religion syncrétique
- FON : Ethnie

ESCLAVAGE ET SYNCRÉTISMES. Le panthéon des Yoruba, Fon et Ashanti (sud-ouest du Nigeria, Bénin, Togo) possède une cohérence qu'il a conservée en traversant l'Atlantique. Refuge de l'identité des esclaves débarqués aux Antilles et au Brésil, il a adopté une façade chrétienne pour survivre. Ces syncrétismes sont restés stables aux Antilles (vaudou haïtien, *santeria* cubaine), alors qu'ils présentent des visages variés et évolutifs sur le continent. La *pajelança* d'Amazonie est imprégnée de conceptions autochtones ; le *candomblé* de Bahia doit beaucoup aux cultes bantous, le *macumba* cède rapidement la place à l'*umbanda*, pénétrée de spiritisme. Le culte des vaudous (Esprits) est originaire du Bénin où il a gardé toute son originalité, sans influence musulmane ni chrétienne. Avec la traite, il s'est répandu aux Antilles, notamment en Haïti où il est maintenant omniprésent. À ses rituels, possessions, transes, pratiques magiques, le vaudou haïtien mêle des éléments de catholicisme. Le baptême est nécessaire pour être initié.

> « *On qualifie volontiers de musulmans ou de chrétiens les pays dont plus de 50 % de la population se réfère à Mahomet ou à Jésus-Christ. On a tôt fait d'en déduire une Afrique divisée en deux [... En fait,] la plupart des pays d'Afrique noire connaissent une situation de pluralisme religieux.* »

Hormis en Irlande du Nord, les relations entre protestants et catholiques, également confrontés au recul de la croyance et de la pratique, sont désormais sereines, comme le montrent le succès des grands rassemblements œcuméniques, le progrès du dialogue interconfessionnel, la multiplication des intercélébrations et la banalisation des mariages mixtes ; ceci bien que persistent toutefois des différences dans les comportements plus que des divergences sur les valeurs.

> « *La frontière qui sépare une Europe du Nord protestante et une Europe du Sud catholique [...] a sans doute perdu de son acuité aujourd'hui, mais conserve une influence indirecte sur les comportements sociaux, politiques, culturels, voire économiques.* »

FRONTIÈRES RELIGIEUSES EN EUROP

LA FRONTIÈRE ENTRE CATHOLICISME ET PROTESTANTISME, pratiquement inchangée depuis le milieu du XVIe siècle, s'est fixée en fonction des rapports de force et des accords entre souverains. Mais, si les sujets devaient adopter la religion du prince, des minorités religieuses, au sort variable selon les lieux et les époques, subsistèrent tant en pays catholiques qu'en pays protestants. Tantôt brutale, tantôt graduelle, la frontière religieuse ne coïncide pas toujours avec les frontières politiques : certains pays se partagent entre les deux confessions. En Allemagne, on dénombre environ 30 millions de protestants, surtout dans le nord et l'ex-RDA, et 28 millions de catholiques, surtout dans le sud et l'Allemagne rhénane. En Suisse, les catholiques, légèrement minoritaires parmi les citoyens helvétiques, l'emportent dans la population résidente, qui compte une importante communauté italienne. Limites confessionnelles et linguistiques ne se superposent pas non plus. La mosaïque religieuse suisse ne correspond pas à la différenciation francophones-germanophones. En Belgique, Flamands et Wallons sont catholiques, tandis qu'aux Pays-Bas, homogènes linguistiquement, le sud catholique contraste avec la Hollande calviniste.

EUROPE

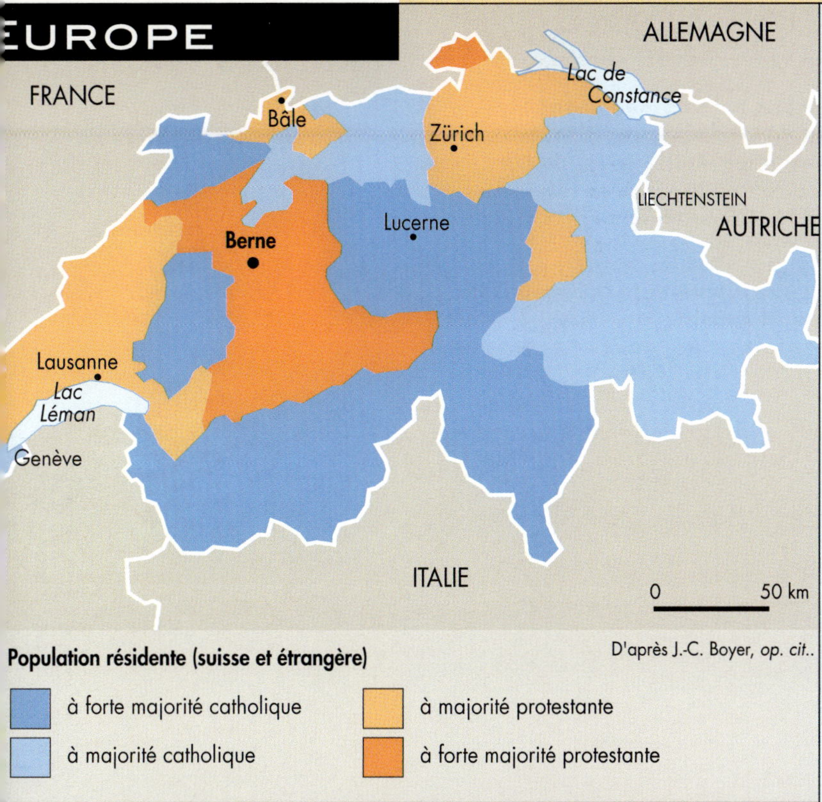

LA MOSAÏQUE SUISSE

LE CONTRASTE NÉERLANDAIS

LE FAIT PROTESTANT EN FRANCE. Dans une France déchirée par des guerres de religions d'une rare violence (massacres de la Saint-Barthélemy en 1572), Henri de Navarre, prince protestant devenu roi catholique sous le nom d'Henri IV, instaure la tolérance religieuse par l'édit de Nantes en 1598. Sa révocation en 1685, à la fin du règne de Louis XIV, contraint les huguenots à la conversion ou à l'exil, malgré la résistance de quelques bastions (Cévennes). À partir du siècle des Lumières, la communauté protestante joue un rôle majeur dans l'émancipation des minorités et l'instauration de la laïcité. Aujourd'hui, 900 000 personnes appartiennent à l'une des seize Églises membres de la Fédération protestante de France et 200 000 autres se réclament du protestantisme.
L'Alsace, rattachée à la France depuis les traités de Westphalie (1648-1649), a conservé la liberté du culte après 1685. Du reste, cette région, qui compte 12 % de protestants luthériens, constitue, de nos jours encore, de même que la Moselle, une exception héritée du Concordat de 1801. Le Statut des cultes permet de rémunérer curés, pasteurs et rabbins ; l'enseignement religieux est dispensé à l'école et l'université de Strasbourg possède des facultés de théologie.

La communauté de Taizé

Cette communauté œcuménique de frères a été fondée en 1940 ; elle rassemble des frères de plus de 25 nationalités. Chaque année, Taizé prépare une rencontre européenne, qui peut réunir pendant cinq jours jusqu'à 100 000 jeunes.

Révélé dans la langue arabe, l'islam est originellement l'expression religieuse d'un peuple du désert où domine le paganisme, entre contrées chrétiennes à l'ouest et Perse zoroastrienne à l'est. Malgré l'arabisation des populations de l'Afrique du Nord et du Proche-Orient, l'élément arabe devient minoritaire au fil de l'expansion musulmane. De nos jours, le poids démographique du sous-continent indien et de l'Indonésie contribue largement à expliquer que les Arabes ne représentent qu'un quart des musulmans de la planète. Si tous les musulmans ne sont pas arabes, tous les Arabes ne sont pas musulmans : environ 10 % des Arabes orientaux sont chrétiens.

Sunnisme malékite
Sunnisme hanafite
Sunnisme chaféite
Sunnisme wahabite

D'après B. Dumortier, *Géographie de l'Orient ar*
d'études et de documentation juridiques du Caire

LES CHRÉTIENS DE L'ORIENT ARABE

	Églises séparées de Rome		**Églises rattachées à Rome**	
Rite localisation	Dénomination courante/ *Dénomination exacte*	Date de dissidence	Dénomination courante/ *Dénomination exacte*	Date de rattachement
Copte Égypte	Coptes/ *Coptes orthodoxes*	451	Coptes catholiques/ *Coptes catholiques*	1742
Byzantin Jordanie, Liban, Syrie, Palestiniens	Grecs byzantins/ *Grecs orthodoxes*	1054	Melchites/ *Grecs catholiques*	1709
Maronite Liban			Maronites/ *Maronites*	depuis toujours
Chaldéen Irak	Nestoriens/ *Église de l'Orient*	431	Chaldéens/ *Chaldéens catholiques*	1552
Arménien Égypte, Irak, Liban, Syrie	Arméniens grégoriens/ *Église apostolique arménienne*	491	Arméniens catholiques/ *Arméniens catholiques*	1740
Syrien Irak, Liban, Syrie	Jacobites/ *Église syrienne*	451	Syriaques/ *Syriens catholiques*	1662

Effectifs estimés

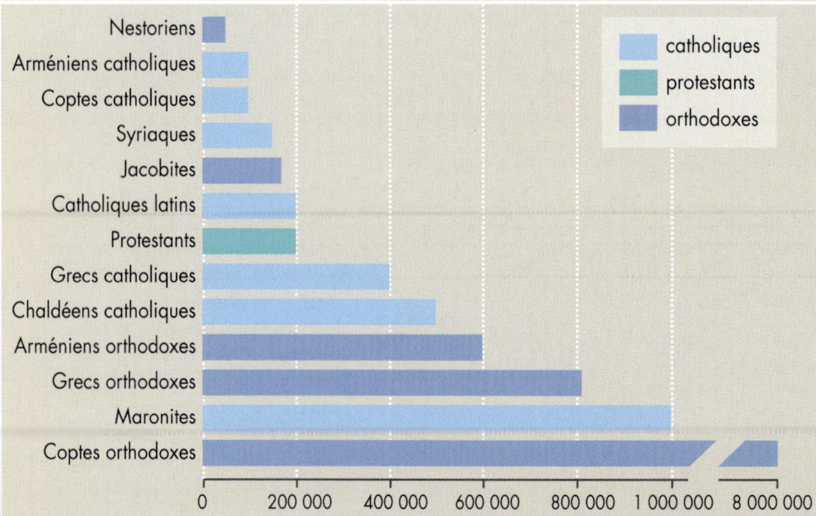

D'après B. Dumortier, *Géographie de l'Orient arabe*, A. Colin, 1997.

ISLAM DO

L'ÉCLATEMENT DU CHRISTIANISME ORIENTAL. Les conciles du Ve siècle amènent la constitution d'Églises dissidentes, puis le schisme d'Orient (1054) entraîne la création de l'Église grecque orthodoxe (voir p. 16-17). De nos jours, six rites orientaux, nés d'affrontements théologiques recouvrant des particularismes locaux, présentent une fraction ne reconnaissant pas l'autorité pontificale et une autre la reconnaissant tout en conservant son propre patriarche. À cette mosaïque s'ajoutent des catholiques de rite latin et des protestants, résultat d'une présence missionnaire occidentale.

RABE

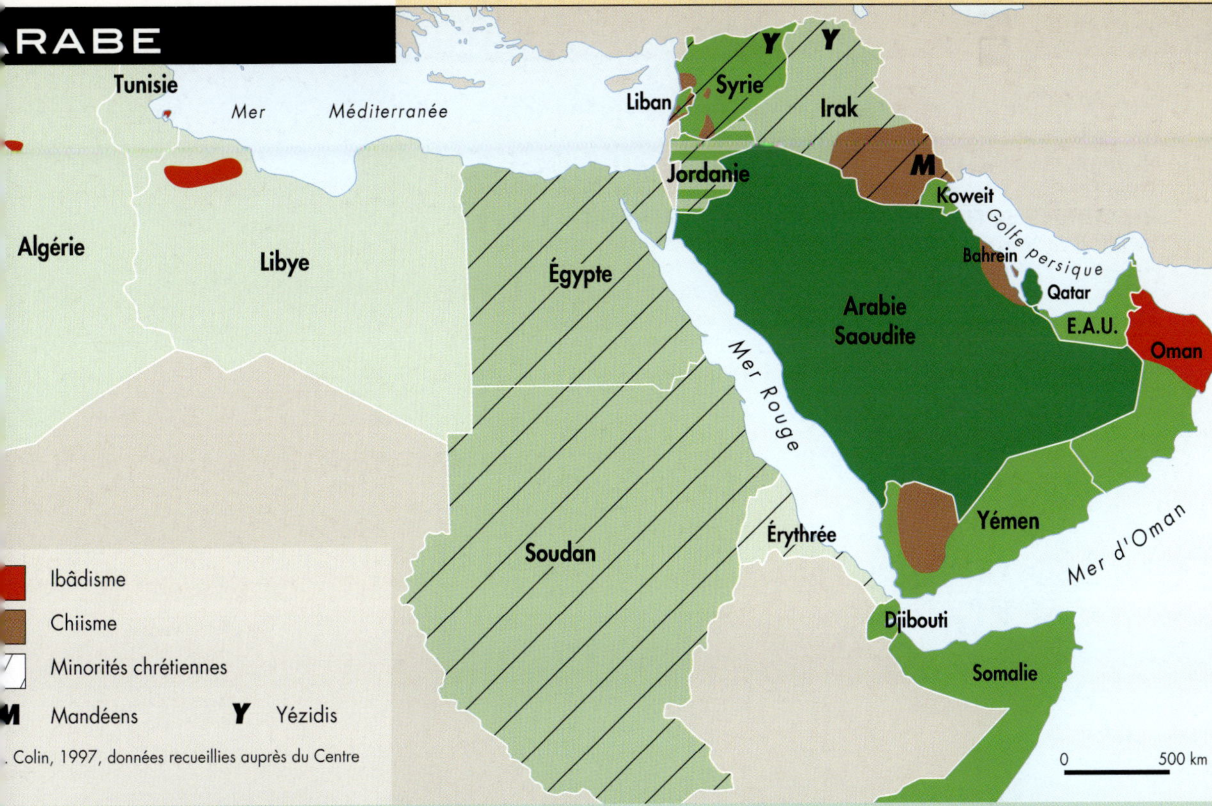

ANT, MINORITÉS CHRÉTIENNES ET SYNCRÉTISMES

> *Le Machrek (Orient arabe) se distingue par sa pluralité confessionnelle avec l'existence de nombreuses Églises chrétiennes et la présence de la plupart des branches et rameaux de l'islam, alors que le Maghreb (Occident arabe) se caractérise par une grande homogénéité religieuse.*

UN MONDE ARABO-MUSULMAN ? Avant l'islam, de vastes zones de l'actuel monde arabe étaient christianisées ou judaïsées. L'islamisation fut rapide mais incomplète. Certaines communautés chrétiennes n'abjurèrent pas et des communautés juives demeurèrent en terre d'islam. Bien qu'erronée, la confusion fréquente entre arabe et musulman reflète l'ambiguïté de la relation entre les deux notions et pose la question des minorités. Une identité judéo-arabe devenue impossible, les communautés juives ont renoncé à l'arabité pour affirmer leur judaïté. L'avenir seul dira la place des Arabes chrétiens, dont certains se sentent devenus chrétiens arabophones face à un fait majoritaire arabo-musulman qui, après avoir mis l'accent sur l'arabité, se réclame de plus en plus de l'islam.

YÉZIDIS ET MANDÉENS. Les yézidis pratiquent une religion syncrétique qui associe des éléments du judaïsme et du christianisme à des apports musulmans mêlés de réminiscences zoroastriennes (voir p. 52-53). Le nom d'« adorateurs du Diable » est donné à tort par les musulmans à cette communauté hermétique pour qui le Diable (Yezid), après s'être repenti, a été pardonné par Dieu, qui en a fait le chef des Anges. Les mandéens ou sabéens sont, quant à eux, souvent qualifiés de chrétiens de Saint-Jean, car leur religion, inspirée du christianisme, fait de Jean Baptiste le plus grand prophète.

LE PLURALISME RELIGIEUX NORD-AM

Les États-Unis sont attachés au principe de séparation entre les Églises et l'État, et à une tolérance qui favorise la floraison de groupes religieux. Le vocabulaire de l'appartenance religieuse en est le reflet :* religion *(chrétien, bouddhiste, etc.),* branch *(protestant, catholique, etc.),* denomination *(baptiste, luthérien, etc.),* congregation *(Église presbytérienne de Riverside, par exemple). Dans un pays où la Cour suprême ouvre ses sessions par* God bless the United States *(« Que Dieu bénisse les États-Unis »), où figure sur la monnaie* In God we Trust *(« Nous avons confiance en Dieu »), l'athéisme reste suspecté d'anti-américanisme.

DES ÉTATS-UNIS MULTICONFESSIONNELS

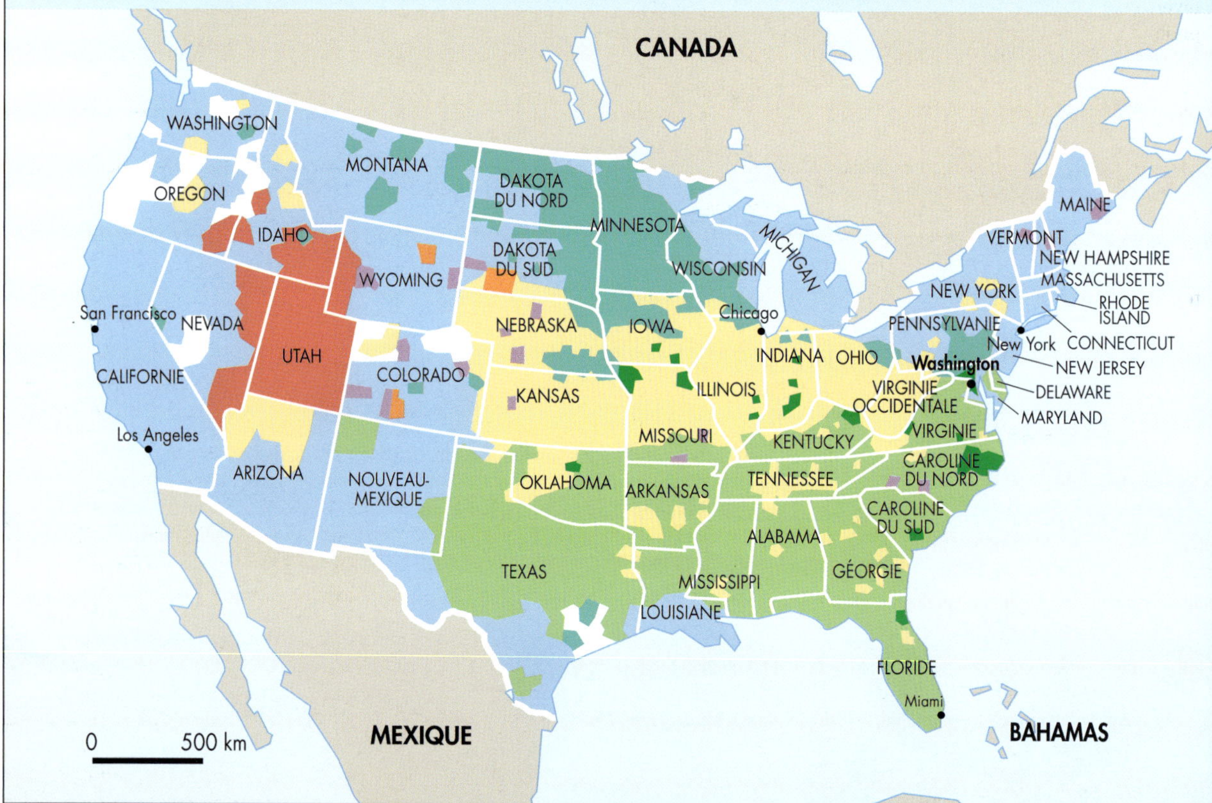

Plus de 25 % de :

- catholiques
- baptistes
- méthodistes
- luthériens
- presbytériens
- disciples du Christ
- épiscopaliens
- mormons
- aucun

Source : M. Rouvillois, *Encyclopédie des religions*, Bayard éditions, 1997.

AU PAYS DES MILLE ET UNE DÉNOMINATIONS. L'*Encyclopédie américaine des religions* identifie 1 562 dénominations aux États-Unis en 1998. La carte doit être interprétée à la lumière de cette extrême fragmentation, aucune dénomination n'étant absolument majoritaire. Cela explique le paradoxe d'un pays à 52 % protestant où l'Église catholique totalise le plus grand nombre de fidèles et oblige à relativiser la carte où, dans certains comtés, aucune dénomination n'atteint le seuil pourtant bas de 25 %. La répartition spatiale de la dominante catholique reflète l'implantation des communautés issues de l'immigration irlandaise, italienne, polonaise, mexicaine... et la fragmentation du protestantisme. La présence des luthériens est en rapport avec l'immigration germanique et scandinave. Si certaines Églises protestantes ont une assise spatiale historique (baptistes dans le Sud, mormons dans l'Utah), l'appartenance religieuse a une signification généralement plus sociale que géographique.

LE TÉLÉVANGÉLISME. Zèle missionnaire, prosélytisme fiévreux évoquant les tourments de l'enfer pour susciter la conversion, sollicitation de dons et philanthropie, violente vitupération contre le vice font partie de la tradition religieuse, qui s'est adaptée à la société du spectacle, de la communication et de la publicité. Les Églises rivalisent pour attirer le fidèle : messages publicitaires sur divers supports, démarchage téléphonique, produits dérivés (autocollants, T-shirt), sites Internet, etc. Le télévangélisme amplifie l'audience de prédicateurs vedettes qui ont bâti des empires financiers sur la crédulité d'âmes simples et de personnes âgées. Plus de 200 chaînes de télévision offrent des programmes religieux suivis par plus de 10 millions de téléspectateurs réguliers.

AFFILIATIONS ET DÉNOMINATIONS

Les principales dénominations chrétiennes aux États-Unis

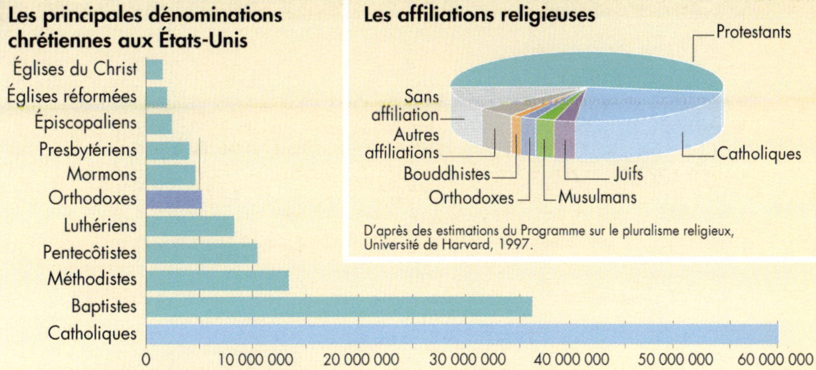

Source : *Yearbook of American and Canadian Churches*, National Council of Churches, 2001.

D'après des estimations du Programme sur le pluralisme religieux, Université de Harvard, 1997.

> « *Le Congrès ne doit pas faire de loi relative à l'établissement d'une religion, ni à l'interdiction du libre exercice de celle-ci.* »

UN RECUL DE LA PRATIQUE

Plus tardif qu'en Europe, le recul de la pratique s'amplifie aux États-Unis :

- **1 chrétien sur 2 assistait au service religieux en 1990.**
- **1 sur 3 en 2000**
  1 sur 5 au Canada
  1 sur 10 en Europe.

UNE FÉDÉRATION CANADIENNE BICONFESSIONNELLE

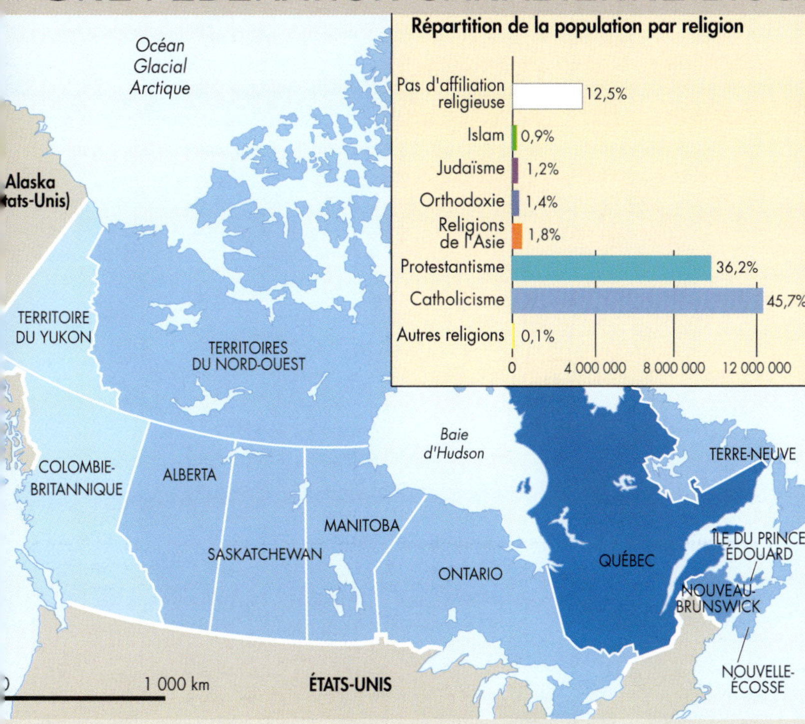

Source : Statistics Canada, Census of Population, 1991.

DE LA REVANCHE DES BERCEAUX À LA RÉVOLUTION TRANQUILLE. Le fait catholique, incontestablement lié au fait francophone, ne doit pas faire oublier les communautés de souche irlandaise dans les États anglophones. La différence de comportement démographique entre protestants et catholiques s'estompe avec l'effondrement de la légendaire fécondité des catholiques francophones, qui est à relier au recul de l'emprise sociale et morale du clergé catholique, très forte jusqu'à la décennie 1960 au Québec. Les nouvelles immigrations introduisent une amorce de diversification des appartenances religieuses.

LA QUESTION DE L'IRLANDE DU NORD

Les accords de Sunningdale en 1973, d'Hillsborough en 1985 et ceux de Dublin, acceptés par référendum en 1998, sont les étapes majeures d'un règlement politique fragile du conflit nord-irlandais, dont la résolution passe par la réconciliation entre deux communautés. Dans une Irlande du Nord où ni la laïcité ni l'œcuménisme n'ont droit de cité, seulement 5 % des établissements d'enseignement sont mixtes, ce qui signifie ici qu'ils accueillent les élèves sans distinction de religion.

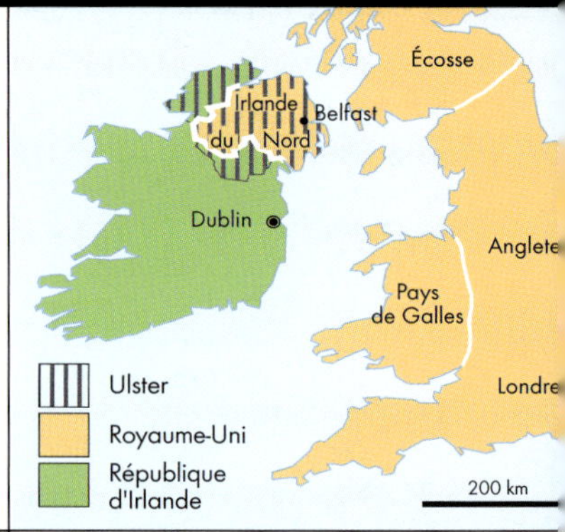

APPARTENANCE RELIGIEUSE EN ULSTER

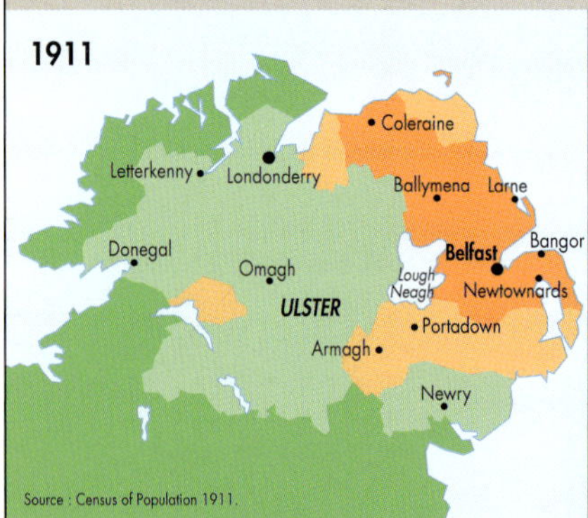

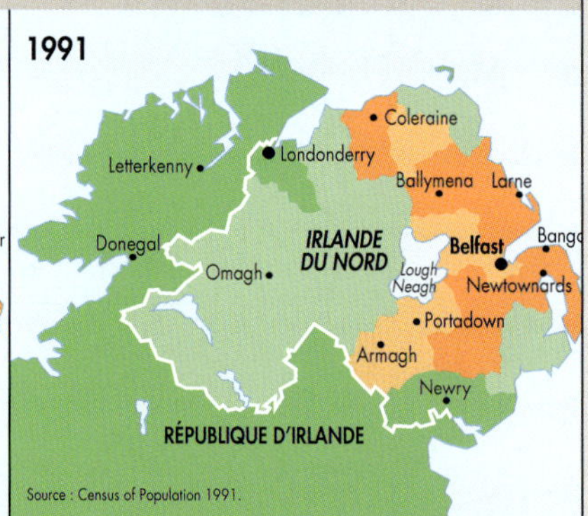

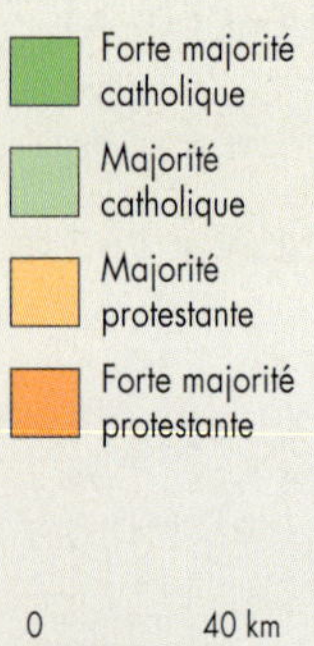

1911

- **74 % de catholiques en Irlande**
- **56 % de protestants en Ulster**

1991

- **96 % de catholiques en République d'Irlande**
- **62 % de protestants en Irlande du Nord**

AUX ORIGINES DU CONFLIT. Les racines de la question remontent à la Plantation d'Ulster en 1609 : les terres des clans indigènes sont distribuées en lots, à charge pour le propriétaire d'y installer des cultivateurs et d'y construire des ouvrages de défense. L'opération se solde par l'arrivée de 100 000 petits colons écossais, imprégnés d'éthique puritaine, dans le nord-est de l'Irlande, où ils défrichent les forêts, drainent les marais et fondent des villes. Cette mise en valeur repose sur la spoliation et la déportation des Irlandais, catholiques. Un engrenage de révoltes et de répressions se met en marche et le sentiment calviniste d'élection (voir p. 18-19) se mue en préjugé sectaire. En 1795 est fondé l'ordre d'Orange, pour défendre le roi d'Angleterre et ses héritiers tant qu'ils maintiendront une constitution protestante en Ulster.

Au XIXe siècle, l'Ulster, à la différence du reste de l'île, participe à la révolution industrielle. Le prolétariat protestant voit les catholiques misérables affluant des campagnes comme des concurrents et la bourgeoisie, dépendante de la Grande-Bretagne, s'oppose à toute autonomie irlandaise, alors que les élites protestantes libérales dublinoises contribuent à l'émancipation nationale (le premier président de la République d'Irlande, dont le drapeau symbolise le vert des catholiques et l'orange des protestants réunis par le blanc de la concorde, sera un protestant : Douglas Hyde).

Quand Londres accorde à l'Irlande une indépendance conditionnelle en 1921, la géographie confessionnelle sert à justifier la partition de l'île, où les catholiques sont nettement majoritaires, les protestants l'emportant légèrement en Ulster. Mais la frontière de l'Irlande du Nord ne coïncide pas avec celle de l'Ulster : amputer l'Ulster de trois comtés à écrasante majorité catholique permettait d'assurer le maintien de la suprématie protestante mais, si l'on enlevait aussi deux comtés à légère majorité catholique, l'Irlande du Nord n'était plus viable.

Au fil des recensements, la proportion de catholiques et le nombre de districts où ils sont majoritaires progressent. Les Églises protestantes établies (presbytériens, Église d'Irlande) déclinent au profit des Églises dissidentes (évangélistes, baptistes), tandis que les personnes se déclarant sans religion sont de plus en plus nombreuses.

> *Guerre de religion, lutte des classes, guerre coloniale, lutte de libération nationale, conséquence de la crise économique, le drame irlandais n'est rien de tout cela et un peu de tout cela à la fois.*

DERRY

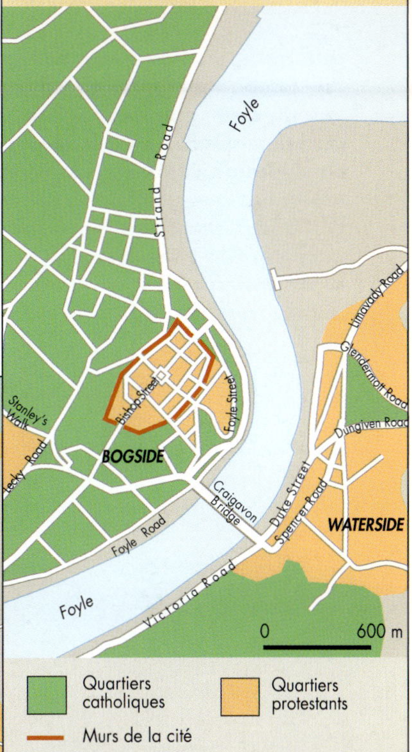

Source : Observations de terrain de Marie-Pierre Richarte en 1993, *in Le Monde diplomatique, Manière de voir* n°33, février 1997.

BELFAST

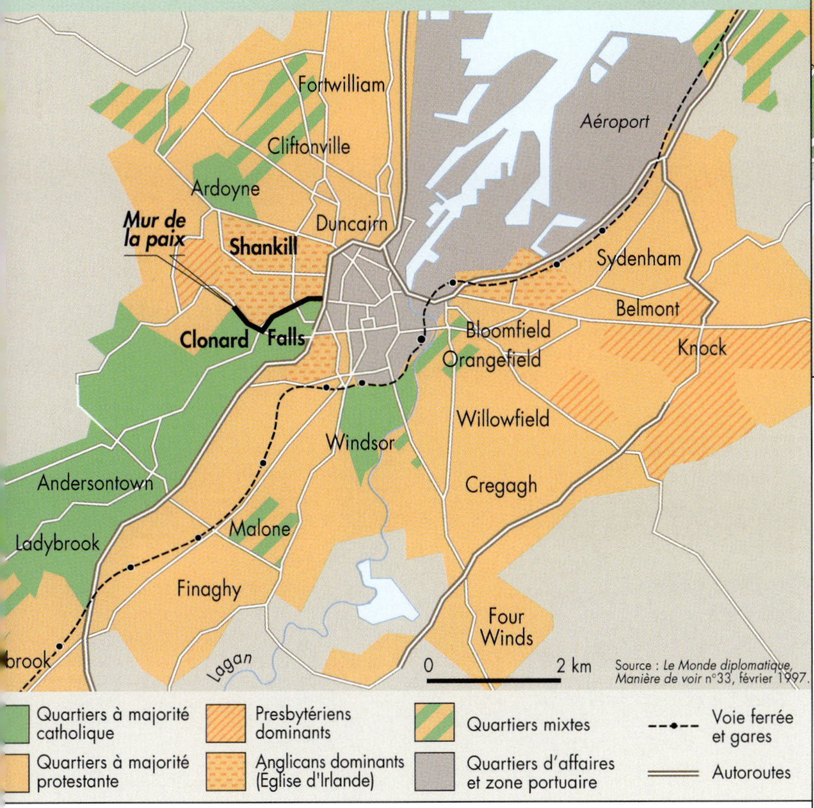

DEUX GHETTOS SÉPARÉS PAR UN MUR DE LA PAIX. Dans la capitale nord-irlandaise, la ségrégation aboutit à la constitution de ghettos. Hérissée de barbelés et sous surveillance des troupes britanniques, la Peace Line, qui séparait les ghettos catholique (Falls Road) et protestant (Shankill Road), a été symboliquement remplacée par un mur de la Paix.

Quartiers catholiques et quartiers protestants se caractérisent par des indicateurs socio-économiques divergents, mais surtout par des différences de paysage et d'ambiance. C'est souvent dans les quartiers mixtes, où les deux communautés ont des relations tolérantes, que sont nées les initiatives interconfessionnelles pour la paix ou les réalisations intercommunautaires concrètes.

DEUX NOMS POUR UNE VILLE
Derry la catholique, Londonderry la protestante. Londonderry est un parfait exemple des villes créées dans le cadre de la Plantation d'Ulster : mur d'enceinte, voirie structurée par deux axes perpendiculaires dont l'intersection forme la place du marché. La Foyle sépare la rive droite protestante de la rive gauche catholique.

Les violents incidents qui éclatent en 1968 entre orangistes et militants des droits civiques inaugurent trente ans de troubles qui feront plus de 3 000 morts. Le 30 janvier 1972, les parachutistes britanniques ouvrent le feu sur une manifestation catholique pour l'égalité électorale, l'égalité d'accès à l'université, à l'emploi, au logement et la réforme de la police, protestante. L'enquête sur ce Bloody Sunday, rouverte en 1998, se poursuit.

EX-YOUGOSLAVIE ET INDONÉSIE : DES CONFL

Une configuration géographique favorisant la fragmentation, une histoire marquée par des puissances extérieures, une diversité culturelle génératrice de forces centrifuges dans une construction fédérale récente conjuguent leurs effets en ex-Yougoslavie et Indonésie. La fin de régimes autoritaires a permis l'expression des revendications des minorités. Sur fond d'enjeux politiques, économiques, stratégiques et symboliques, les tensions ont abouti à des conflits armés et des massacres aux allures de génocides. La religion a permis aux meneurs de fanatiser leurs troupes.

> « *Les intelligentsias s'inquiètent du danger d'une instrumentalisation croissante de la religion, qu'il s'agisse d'un pays à majorité ou à minorité musulmane.* »

GÉOGRAPHIE RELIGIEUSE DE L'ARCHIPEL INDONÉSIEN

Source : O. Feillard, *L'Islam en Asie*, La Documentation française, 2001 ; O. Sevin, *Îles rêvées*, PRODIG, PUPS, 2002.

UN ARCHIPEL MAJORITAIREMENT MUSULMAN. L'Indonésie, où 60 % de la population vit sur 6 % du territoire (Java et Madura), compte 87 % de musulmans. L'islam s'est superposé à un fond hindo-bouddhiste et la colonisation européenne y a ajouté le christianisme. Des religions traditionnelles naturalistes subsistent dans certaines îles (Bornéo, Nouvelle-Guinée). L'islam indonésien intègre les coutumes locales pré-islamiques. Mais un courant influencé par le wahhabisme (voir p. 22-23) prône un islam fondamentaliste. Le fait religieux ne doit pas occulter d'autres paramètres : diversité ethnique et linguistique ; inégalités sociales criantes et disparités régionales ; migrations de population d'une île à l'autre ; affrontement entre la logique unitaire brutale qui prévaut après l'indépendance sous Soekarno (1945-1968) et Suharto (1968-1998), et les aspirations séparatistes de provinces réfractaires à l'acculturation imposée au nom de l'unité nationale et de la modernité.

DES PÉRIPHÉRIES CENTRIFUGES. À Acieh, riche en gaz naturel, les islamistes, rêvant d'un autre Brunei, structurent un mouvement indépendantiste réprimé militairement. En Papouasie occidentale, qui avait été intégrée à l'Indonésie en 1963 sous le nom d'Irian Jaya, le gouvernement multiplie les gestes d'apaisement, craignant la sécession de cette vaste province excentrée aux ressources minières et forestières, où les Mélanésiens méprisés et marginalisés s'organisent. Aux Moluques et à Kalimantan, la confrontation entre population locale et immigrants musulmans de Java et Madura provoque des heurts interreligieux. Le Timor oriental, ancien territoire portugais, a connu un état de guerre depuis son annexion en 1975. Le clergé catholique a soutenu la lutte pour l'indépendance, reconnue en mai 2002.

S RELIGIEUX ?

L'ANTAGONISME ENTRE MUSULMANS, ORTHODOXES ET CATHOLIQUES plonge ses racines dans plusieurs siècles d'affrontements des impérialismes turc, russe et austro-hongrois dans les Balkans. Dans cet espace compartimenté par le relief, limites religieuses et ethniques ne coïncident pas. Croates et Serbes parlent une même langue slave que les Croates catholiques écrivent en alphabet latin et les Serbes orthodoxes en cyrillique. Les musulmans de Bosnie sont des Slaves ; ceux du Kosovo des Albanais.

Née en 1918 du démantèlement des empires, la Yougoslavie vole en éclats à la mort de Tito, en 1990. La Slovénie et la Macédoine proclament leur indépendance ; la Croatie acquiert la sienne au prix d'une guerre avec la Serbie. En Bosnie, les affrontements entre Croates, Serbes et musulmans suscitent la réaction de la communauté internationale, qui impose les accords de Dayton en 1995. Quand la Serbie met fin à l'autonomie de la Voïvodine et du Kosovo, les musulmans du Kosovo sont victimes, après ceux de Bosnie, de la « purification ethnique » menée par le président serbe, Slobodan Milosevic, condamné pour crimes contre l'humanité en 1999. La Yougoslavie ne se compose désormais que de la Serbie et du Monténégro, largement autonome.

Les déplacements de population ont homogénéisé les territoires dans une logique de ségrégation sectaire. Toute création territoriale donnant satisfaction à une nation crée de nouvelles minorités, comme l'illustrent les deux entités territoriales composant la Bosnie-Herzégovine.

DE LA FÉDÉRATION YOUGOSLAVE...

... À L'EX-YOUGOSLAVIE

LA SINGULARITÉ LIBANAISE

Le Liban est un lieu de passage et de brassage, le carrefour de la complexité des Églises chrétiennes orientales et de la pluralité des branches de l'islam. Après avoir connu un confessionnalisme institutionnel, le Liban a été déchiré pendant une vingtaine d'années par une guerre civile meurtrière mêlant conflits interconfessionnels et intraconfessionnels. Ces blessures se cicatrisent aujourd'hui difficilement.

LES COMMUNAUTÉS RELIGIEUSES AU LIBAN

LE CONFESSIONNALISME LIBANAIS. La constitution libanaise de 1926 institutionnalise le partage du pouvoir entre les communautés religieuses au prorata de leur importance numérique. Le Pacte national de 1943 confirme ce confessionnalisme : le président de la République doit être maronite, le président du Conseil, sunnite et celui de la Chambre, chiite. La répartition des postes dans l'administration et le système électoral obéissent au même principe.

À partir des années 1960, le conflit israélo-arabe est le détonateur qui fait voler en éclat une unité nationale de plus en plus fragile. En 1975, le pays, qui s'enorgueillissait d'une société multiconfessionnelle où chrétiens et musulmans vivaient en bonne intelligence, s'enfonce dans la « guerre civile ». Des milices à base communautaire cherchent à contrôler des territoires confessionnellement homogènes, ce qui provoque des déplacements de population et des affrontements meurtriers. À partir des années 1980, la plus grande partie du Liban passe sous influence de la Force arabe de dissuasion, syrienne, tandis qu'au Liban sud la Force d'interposition des Nations unies pour le Liban (Finul) s'intercale symboliquement entre les forces palestiniennes qui tiennent la région et les Israéliens qui contrôlent la bande frontalière. Les accords de Taïf en 1990 mettent fin à la guerre en instaurant une *pax syriana* qui n'apporte pas de solution adéquate au problème libanais. Les combats interconfessionnels entre chrétiens et musulmans, les affrontements intraconfessionnels qui déchirent catholiques et orthodoxes ou sunnites et chiites ainsi que les luttes intra- communautaires entre factions maronites ou celles qui opposent les chiites islamistes du Hezbollah (parti de Dieu) et ceux plus laïcistes du mouvement Amal (Espérance) laissent un pays ruiné, déserté par une partie de ses habitants, qui doit entreprendre sa reconstruction matérielle et son redressement économique dans un climat de crise identitaire, car la guerre a renforcé les stéréotypes et les préjugés religieux.

BEYROUTH

90

70

BEYROUTH, LA DÉCHIRURE...

En 1970, les chrétiens dominent dans les quartiers orientaux plus homogènes que les quartiers occidentaux à dominante musulmane et il existe de véritables quartiers mixtes. Pendant la guerre, le contrôle de la capitale par des milices confessionnelles, les migrations volontaires ou forcées de population à l'intérieur de la ville, l'afflux de nouveaux arrivants cherchant refuge auprès de leurs coreligionnaires aboutissent à la partition entre un Beyrouth ouest, musulman, et un Beyrouth est, chrétien, séparés par une ligne de démarcation qui est aussi la ligne des combats, tandis que la périphérie connaît une urbanisation anarchique. Les coupures sociales et confessionnelles, avivées par la guerre, se cicatrisent lentement et imparfaitement depuis 1990. Le centre, amas de ruines il y a dix ans, a fait l'objet d'une reconstruction controversée, même si un premier projet, qui consacrait la division de la ville en territoires confessionnels, a été abandonné pour respecter la fonction symbolique de la Vieille Ville où voisinent mosquées, églises, cathédrales et synagogue.

> ***« L'histoire et la culture collective de chaque communauté ont créé des identités communautaires particulières [...]. Avec la consécration de l'État, ces confessions ne se disputent plus des parcelles territoriales, mais des parts représentatives aux postes clés. »***

QUELQUES CHIFFRES

Le Liban compte 18 communautés religieuses officiellement reconnues :

- **6 communautés musulmanes**
- **1 communauté juive**
- **11 communautés chrétiennes.**

PÈLERINAGES, VILLES SAINTES ET LIE

Le pèlerinage est une pratique consistant à se rendre en un lieu sacré. La sacralité du lieu peut reposer sur une manifestation de la puissance surnaturelle, une présence sanctifiante, ou avoir une dimension cosmique ou allégorique. Parmi les motivations des pèlerins, on distingue les recours, les actes de vénération et la régénération spirituelle. Les flux de pèlerins, tels des flux touristiques, ont un impact économique dépassant le simple profit des « marchands du temple ». Le tourisme religieux, souvent saisonnier, pose aux villes de pèlerinage les problèmes d'aménagement et de gestion rencontrés par les villes touristiques.

JÉRUSALEM

PÈLERINAGES, VILLE

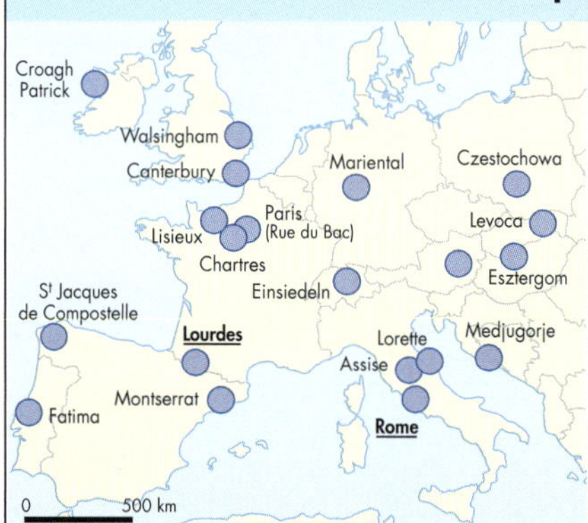

UNE PRATIQUE CONTROVERSÉE. Commune à de nombreuses religions, la pratique du pèlerinage a fait l'objet des attaques de la Réforme : « Il faudrait supprimer tous les pèlerinages. Ils sont occasion de péché, de mépris des commandements de Dieu [...]. Il arrive qu'un homme fasse le pèlerinage à Rome, y dépense 50, 100 florins et plus et laisse chez lui sa femme et ses enfants, ou du moins son prochain aux prises avec la misère » (Luther, *Appel à la noblesse chrétienne de la nation allemande*, 1520). Dans l'islam, le wahhabisme ne voit qu'idolâtrie et atteinte au dogme de l'unicité de Dieu dans tout autre pèlerinage que celui de La Mecque. En revanche, les chiites voit dans le *zyarat* (pèlerinage au tombeau) un moyen d'accès au divin par l'intercession d'un saint, à la fois participant de la nature humaine et représentant de la présence divine : Najaf (tombeau d'Ali), Kerbala (tombeau d'Hussein), Mashad (tombeau de l'Imam Reza) et Qoms (tombeau de Fatima, sœur de l'imam Reza) sont des lieux vénérés.

SACRÉS

Lieu saint ou lieu de culte

- juif
- chrétien
- musulman
- Limites de la ville vers 70 ap. J.-C.
- Mur d'enceinte

« *Pour l'homme religieux, l'espace n'est pas homogène : il y a […] une opposition entre l'espace sacré, le seul qui existe réellement, et tout le reste, l'étendue informe qui l'entoure.* »

AU CARREFOUR DES TROIS MONOTHÉISMES. Vers 1000 av. J.-C., David s'empara d'Urshalim, fondée vers 3500, en fit la capitale de son royaume et déposa l'Arche d'alliance sur le mont Moriah, où son successeur Salomon édifia le premier temple. En 587 av. J.-C., Nabuchodonosor détruisit le temple. Il déporta les Hébreux, qui relevèrent le temple en 515 av. J.-C., quand l'édit de Cyrus permit leur retour. En 37 av. J.-C., sur le même emplacement, fut construit le second temple, incendié en 70 apr. J.-C. par les Romains. Dernier vestige du temple, le Mur occidental (*khotel*), désigné par les chrétiens sous le nom de Mur des Lamentations, est un haut lieu de la piété juive. L'esplanade du temple correspond à l'emplacement actuel du Haram el-Chérif (le « Noble Sanctuaire ») des musulmans, qui bâtirent le dôme du Rocher en 692 et la mosquée d'El Aqsa en 715.
En effet, en 638, le calife Omar s'empara de Jérusalem, en arabe El-Qods (la Sainte). Troisième lieu saint de l'islam après La Mecque et Médine, Jérusalem fut le théâtre du « voyage nocturne » de Mahomet, qui, transporté d'Arabie en Palestine sur une fabuleuse monture, monta jusqu'au divin et revint, laissant sur le rocher l'empreinte de son pied. L'importance de la ville, où chacune des trois religions issues d'Abraham peut manipuler des symboles puissamment mobilisateurs, s'exacerbe chez les musulmans dans les périodes de domination non musulmane, que se soit durant l'intermède chrétien (royaume croisé de Jérusalem de 1099 à 1187) ou depuis l'occupation de la Vieille Ville (1967) et le transfert de la capitale israélienne de Tel Aviv à Jérusalem (1980).
Pour les chrétiens, des épisodes majeurs de la vie terrestre du Christ se sont déroulés à Jérusalem où sa crucifixion et sa résurrection ouvrirent une ère nouvelle. En 335, on érige un sanctuaire qui englobe le site du calvaire et le tombeau du Christ, le Saint Sépulcre. Pour y accéder, les pèlerins gravissent la *via dolorosa*, refaisant symboliquement les 14 stations du chemin de croix. Couvents, monastères, hospices, églises de toutes les confessions chrétiennes abondent.

AINTES ET LIEUX SACRÉS DANS LE MONDE

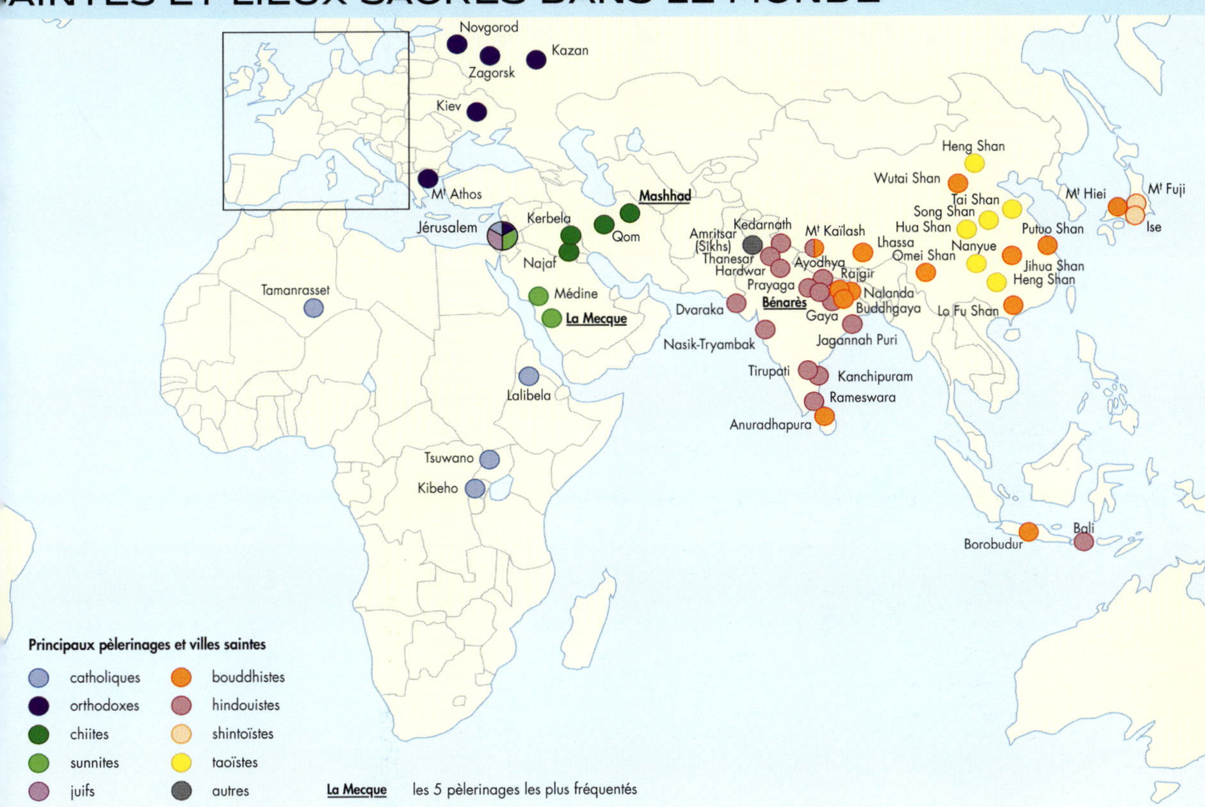

TROIS ITINÉRAIRES DE PÈLERINAGE

Tout pèlerinage implique de se mettre en marche, animé d'assez de dévotion pour s'imposer l'épreuve du voyage. Autrefois, le trajet se faisait à pied et la marche vers le lieu sacré ou dans son enceinte (procession, circumbulation) reste un acte religieux associé au pèlerinage. Le voyage matériel semé d'embûches du pèlerin vers le lieu sacré n'est que la manifestation extérieure d'une quête intérieure de spiritualité. L'avènement des transports modernes a minimisé l'épreuve du voyage, modifiant le sens du pèlerinage, et a démocratisé cette pratique religieuse. Les hauts lieux de pèlerinage mondiaux accueillent plusieurs millions de pèlerins par an.

LES CHEMINS DE SAINT-JACQUES

> *Dieu, je voudrais*
> *être une foule de pèlerins,*
> *Aller vers toi*
> *en long cortège*
> *Et former grande*
> *part de toi :*
> *Jardin*
> *aux allées animées.*

LE RENOUVEAU D'UN PÈLERINAGE CHRÉTIEN MÉDIÉVAL. À Jérusalem, la cathédrale Saint-Jacques abrite un tombeau de l'apôtre Jacques le Majeur. Mais, selon une tradition plus tardive, son corps aurait été recueilli par ses disciples après sa décapitation, transporté en Galice et enseveli dans un tombeau oublié, puis retrouvé au IXe siècle. Celui-ci devint le but du plus célèbre pèlerinage du Moyen Âge. De nombreux pèlerins prennent « la besace et le bourdon » pour un cheminement de dépouillement et de vérité. Venus de toute l'Europe, ils convergent vers le piémont septentrional des Pyrénées, qu'ils franchissent à Saint-Jean-Pied-de-Port ou à Sainte-Christine-du-Somport. Ils se regroupent à Puente la Reina, d'où part le *camino frances*, tracé au XIe siècle. Après une longue éclipse, ce pèlerinage connaît un renouveau depuis une trentaine d'années.

LA MECQUE

UN PILIER DE L'ISLAM, LE PÈLERINAGE (HADJ). Cette obligation a lieu du 7 au 13 de la 12e lunaison à la Mosquée sacrée et dans le désert proche de La Mecque. Arrivé par Djedda, lieu de passage obligé, le pèlerin se met en état de sanctification par des ablutions et le port d'un vêtement blanc sans coutures. Il fait sept fois le tour de la Kaaba, qui renferme la Pierre noire, déjà objet d'un culte préislamique, puis boit l'eau de Zemzem, jaillie miraculeusement pour Agar l'Égyptienne, mère d'Ismaël, ancêtre des Arabes, chassée par Sarah, mère d'Isaac (Israël), ancêtre des Juifs. La station à Arafat, où tous les pèlerins prient ensemble, est un des temps forts du *hadj*, qui comporte aussi la lapidation des piliers de Satan avec 49 cailloux ramassés dans le val de Mouzdalifa et inclut un sacrifice commémorant celui d'Abraham, pratiqué dans tout le monde musulman : la fête du Sacrifice dite Grande Fête (*Eid el-Kebir*).

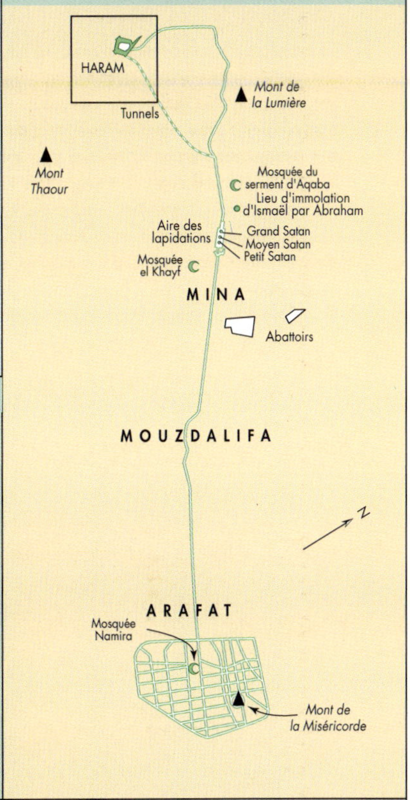

LE PÉRIMÈTRE SACRÉ

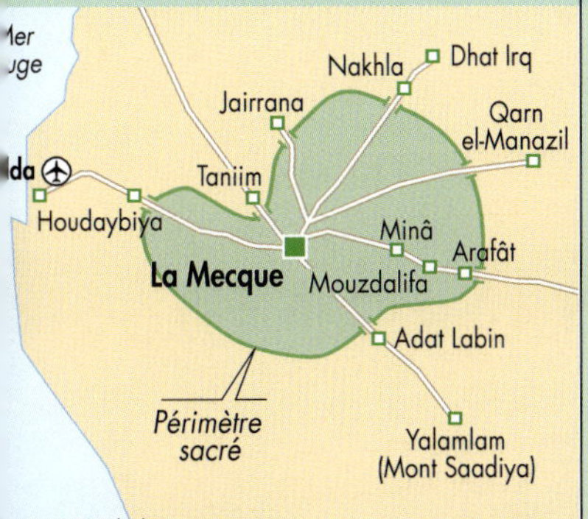

près S. Zeghidour, *La vie quoti-nne à la Mecque*, Hachette, 1989.

HARAM (MOSQUÉE SACRÉE)

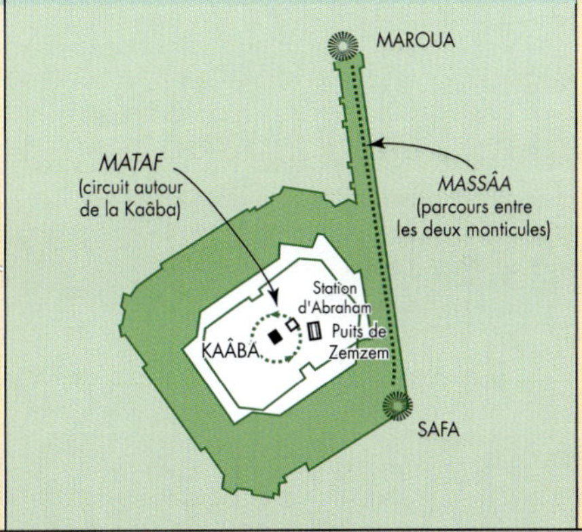

LE KURUKSHETRA

UN PÈLERINAGE INDIEN PLURIMILLÉNAIRE. Entre les rivières Sarasvati et Drishadvati, le Kurukshetra (champ de Kuru) est une plaine sacrée depuis des temps très anciens. Selon le Vanana Purana, recueil de mythes, le demi-dieu Kuru attela le taureau de la déesse Shiva et le buffle du dieu Yama à une charrue d'or pour « labourer le champ de la conduite éthique dans ses huit dimensions : austérité, vérité, tolérance, compassion, pureté, charité, méditation, célibat. » Au Ier millénaire av. J.-C., la région fut le centre de la religion védique (voir p. 28-29) et la Sarasvati, la rivière la plus sacrée et la plus grande des déesses pour les Aryens. À partir du IIe siècle av. J.-C., le Kurukshetra, théâtre de la victoire des castes sacerdotales sur les castes guerrières, symbolisant le triomphe du bien sur le mal, évolua en lieu de pèlerinage hindouiste.

Depuis la migration des Aryens en direction du Gange à partir de 500 av. J.-C., ce dernier a détrôné la Sarasvati. Bénarès, de nos jours la ville de pèlerinage la plus fréquentée au monde, avec plus de 15 millions de pèlerins par an, est devenue le principal pèlerinage. Toutefois, le Kurukshetra continue à attirer des fidèles venus de toute l'Inde, avec ses temples, ses bassins, ses volées de marches accédant à la rivière pour les bains purificatoires. Les différentes stations de ce pèlerinage polythéiste et syncrétique sont vouées à Brahma, Vishnou et Shiva, mais aussi à des divinités mineures, voire des génies des peuples autochtones. Le pèlerinage a le pouvoir de conférer la pureté et d'effacer les péchés, mais il peut aussi apporter d'autres bienfaits (longévité, santé, prospérité). La circumambulation en fait un symbole cosmique : effectuer le tour rituel revient à faire le tour de l'univers. Le circuit, clôture immatérielle, sépare, comme le mur d'un temple, les forces bienfaisantes de l'espace sacré des forces malfaisantes de l'espace profane. Le circuit traditionnel comporte 360 stations, autant que de jours dans l'année hindoue, mais il existe un circuit intérieur plus court.

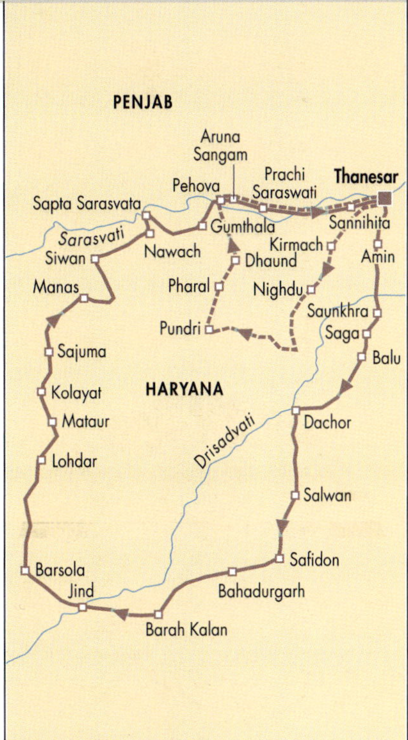

Source : J.-P. Singh, M. Khan, "*Marques divines dans le paysage du Kurukshetra*", *Géographie et cultures*, n°35, 2000.

RELIGIONS AUTOCHTONES ET SURV

Les religions autochtones sont souvent qualifiées de primitives ou traditionnelles, car elles préexistent à l'implantation des grandes religions mondiales. Propres à un lieu et à un milieu, elles sont, par définition, variées : chaque ethnie, chaque tribu a ses propres croyances, ses propres rites. Mais, derrière la multiplicité des formes, on retrouve généralement le culte des ancêtres et celui de la nature. Des héros plus ou moins divinisés peuplent une mythologie foisonnante. Le monde des vivants et celui des morts sont en interaction. Les Esprits peuvent visiter le monde des hommes (possession) ; des hommes peuvent visiter le monde des Esprits...

LES AIRES DES RELIGIONS TRADITIONNELLES

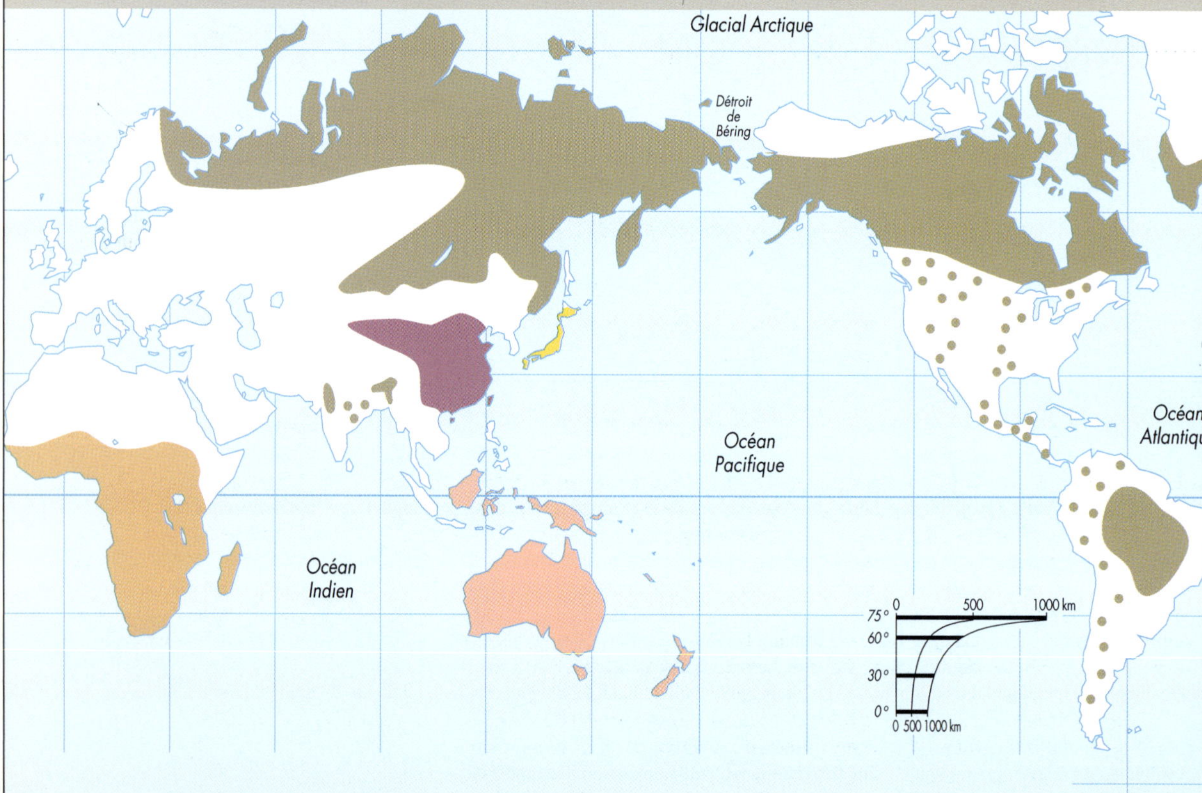

LE CHAMANISME, né en Asie, a franchi le détroit de Béring voici plus de 40 000 ans et reste très présent parmi les populations sibériennes et amérindiennes. Le chaman est doué de connaissances et de pouvoirs lui permettant d'entrer en contact avec le monde invisible qu'il visite en séparant son corps psychique de son corps physique et qu'il peut neutraliser ou maîtriser. Médiateur entre les hommes et les esprits, il est craint et respecté. Personnage clé de la communauté, il exerce comme guérisseur, mage, devin et sorcier, utilisant ses pouvoirs pour dominer les forces de la nature. La fonction de chaman est souvent héréditaire : les esprits des ancêtres défunts guident leur descendant dans un apprentissage difficile qui comprend souvent une mise à l'écart de la communauté durant de longs mois. Les formes populaires du shintoïsme, du taoïsme et du bouddhisme tantrique conservent nombre de pratiques magiques, divinatoires ou thérapeutiques issues de religions archaïques chamanistes.

- Religions traditionnellles africaines et malgaches
- Cultes aborigènes d'Océa
- Chamanisme répandu
- Chamanisme localisé
- Taoïsme
- Shintoïsme

ANCES MINORITAIRES

LES RELIGIONS OCÉANIENNES

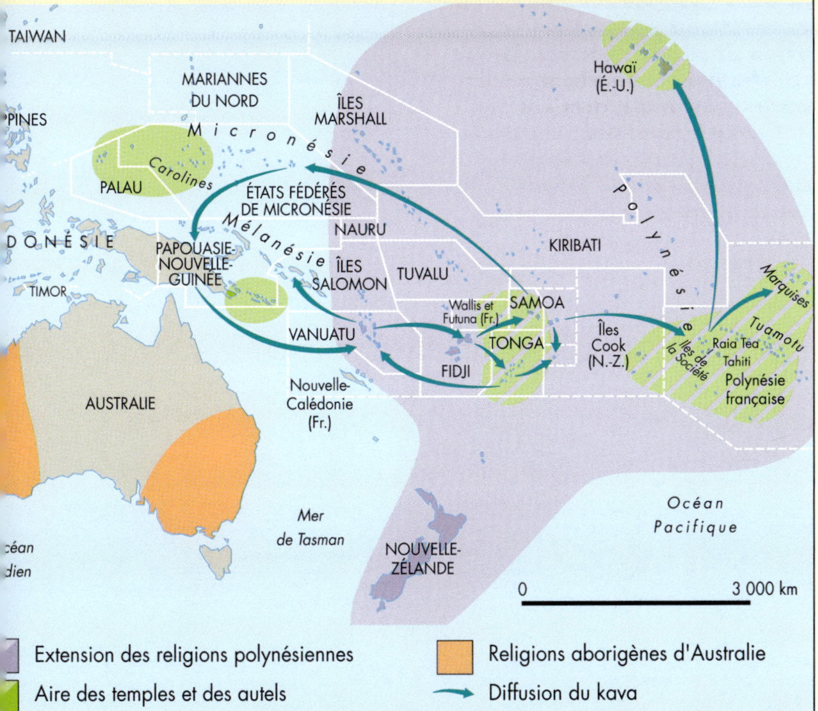

Source : N. Smart (dir.), *Atlas des religions dans le monde*, Könemann, 2000.

LES SYSTÈMES RELIGIEUX INSULAIRES D'OCÉANIE demeurent mal connus. Dans l'aire polynésienne, une parenté se dégage entre les innombrables religions dont la mythologie donne une place centrale aux dieux éoliens et marins, illustrant la migration d'un peuple de navigateurs. Pour les aborigènes d'Australie le paysage a été créé à partir du chaos initial par les ancêtres du « temps du rêve » : leurs descendants doivent impérativement le conserver et le réactiver par des rituels. L'arrivée des Blancs dans le Pacifique a donné naissance au culte du cargo. Les Blancs sont les ancêtres partis au loin, dont il est question dans un mythe répandu, de retour avec de nouveaux pouvoirs pourvoyeurs de biens matériels. Les religions océaniennes ont pratiquement disparues en tant que telles, mais marquent encore fortement l'organisation sociale et le rapport des hommes à leur terroir. Ainsi, en Mélanésie, chaque élément du paysage est investi de pouvoirs magiques et de significations secrètes. Le *kava*, diffusé à partir du *vanuatu*, conserve un rôle de régulation sociale. Cette boisson cérémonielle est obtenue à partir d'une plante légèrement psychotrope.

LE ZOROASTRISME. Le védisme place Asura Varuna et son coadjuteur Mithra au sommet de la hiérarchie divine dans les védas du début du IIe millénaire. Le zoroastrisme se situe dans cette filiation et repose sur les enseignements de Zarathoustra (il vécut au Ier millénaire av. J.-C. en Iran). Le dieu unique, Ahoura Mazda (« Seigneur Sage »), est père de deux jumeaux opposés, l'un bon, l'autre mauvais. Mêlant des éléments zoroastriens à des apports gréco-romains, le mithraïsme, culte à mystère, se répand dans l'Empire romain. De la rencontre du zoroastrisme avec le christianisme naquit le manichéisme. Les disciples de Mani furent persécutés par les zoroastriens et jugés hérétiques par les chrétiens. Leur doctrine dualiste, dans laquelle la question du bien et du mal est centrale, réapparut dans le christianisme médiéval sous diverses formes, dont la plus connue est celle des cathares («purs»). Le catharisme fut sauvagement éradiqué lors de la croisade contre les Albigeois. Actuellement, des courants occultistes se réclament abusivement des cathares, mais, dans les vallées pyrénéennes de l'ancien comté de Foi, des mémoires familiales cultivent la tradition des Purs. Au contact de l'islam, le zoroastrisme est entré dans des syncrétismes comme le yézidisme et a laissé des traces dans la théologie chiite.

Il reste environ 200 000 zoroastriens dans le monde. La religion officielle et dominante de la Perse jusqu'à la conquête musulmane (651) subsiste en Iran dans des oasis, en particulier Yazd. Estimés à 30 000 dans les années 1980, les zoroastriens (*gabars*) ont quitté le pays, où leur nombre n'atteint pas 10 000. Ils ont largement gagné les États-Unis où on en dénombre environ 20 000. La majorité des zoroastriens vivent dans le sous-continent indien : 100 000 en Inde et 5 000 au Pakistan. Ils forment le groupe des Parsis (« Persans »), concentré à Karachi et à Bombay où le feu sacré brûle dans les temples (agiyari).

> *« Il y a entre le cadre géographique des origines et la société de la coutume un lien intemporel et sacré qui ne peut être rompu ; sinon la terre meurt et l'homme n'est plus qu'une pirogue sans point d'attache. »*

LES SECTES : UN DÉVELOPPEMENT QU

Le mot secte désigne historiquement un groupe religieux dissident. Il définit, pour certains, une association d'inspiration religieuse ou non, préjudiciable aux droits de l'homme et à l'équilibre social. D'autres contestent cet emploi qui leur semble induire une méfiance face à des groupes peu connus, ne partageant pas certaines idées socialement dominantes. Les dérives sectaires aboutissent parfois à des drames (Guyana, Waco, Haeven's Gate, Ordre du Temple solaire). La frontière n'est pas toujours facile à tracer entre les sectes et la nébuleuse des nouveaux mouvements religieux.

QUELQUES GROUPES CONTROVERSÉS

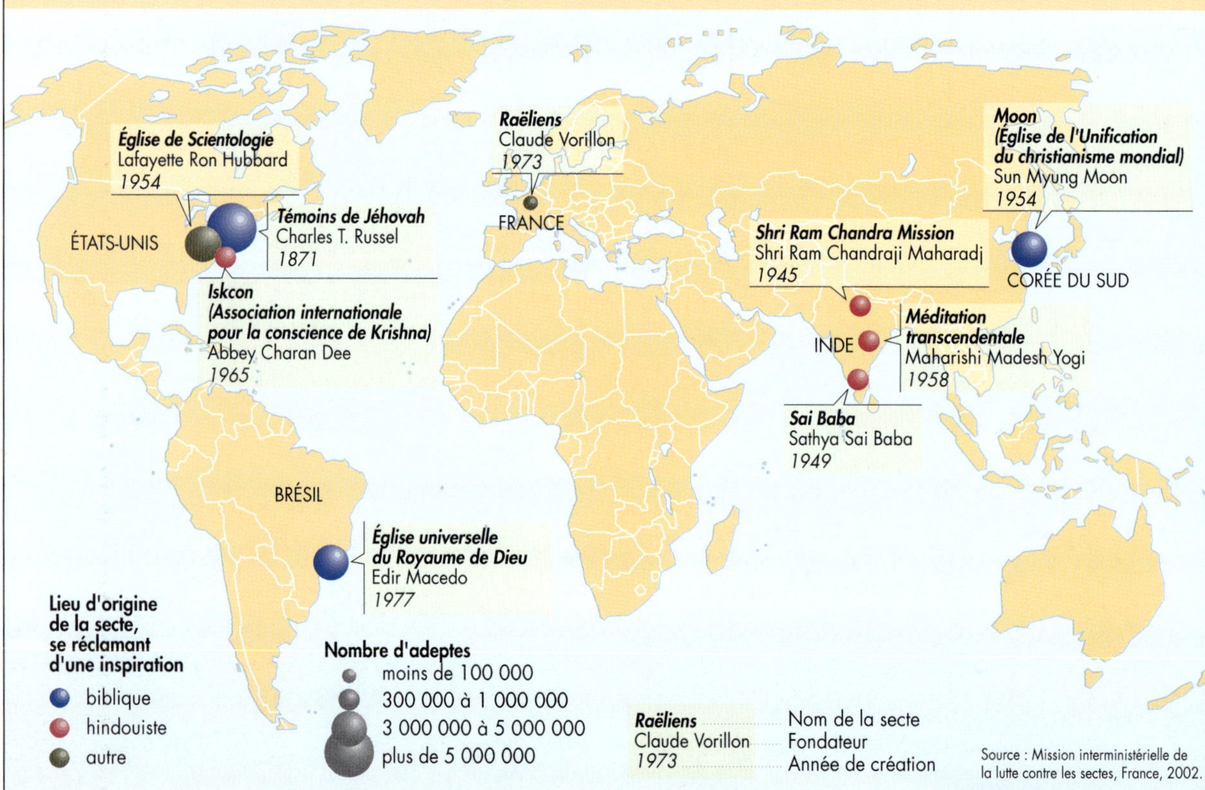

Source : Mission interministérielle de la lutte contre les sectes, France, 2002.

QUESTION DE TERMINOLOGIE OU CONCEPTION DE LA TOLÉRANCE ?

Les Américains définissent une secte (*sect*) comme un groupe religieux plus récent, moins nombreux ou moins bien accepté qu'une Église (*church*). *Cult* désigne un groupe religieux exerçant une forte pression sur ses membres, éventuellement impliqué dans des affaires délictueuses. Le Premier Amendement (voir p. 41), en faisant de la liberté religieuse la première des libertés, permet le développement du pluralisme religieux, y compris de groupes souvent considérés en France comme des sectes. La France mène une politique de prévention mais aussi, ces derniers temps, de répression, qui a pu lui être reprochée. On doit se garder du laxisme face aux méfaits de certaines sectes et du risque de chasse aux sorcières, sans oublier les enjeux qui se cachent sous un débat sur la tolérance : le statut de groupe religieux confère respectabilité et avantages fiscaux dans nombre de pays.

> ***« Il n'est pas nécessaire de définir ce que sont les sectes [...]. Il faut veiller à ce que les activités de ces groupes à caractère religieux, ésotérique ou spirituel soient en conformité avec les principes de nos sociétés démocratiques. »***

BAHA'IS ET UNITARIENS. Le mouvement unitarien, né au XVIIIe siècle aux États-Unis, et le baha'isme, né en Iran au siècle suivant, ont un idéal de tolérance universelle, l'un par un humanisme multiconfessionnel, l'autre par un large syncrétisme. Les unitariens ne sont pas liés par un système théologique, chacun restant libre de ses convictions, mais par un système de valeurs. Dénonçant dogmatisme et sectarisme, ils valorisent les contestataires : Origène, proclamant la nature humaine du Christ et niant l'enfer ; Jean Huss, précurseur de la Réforme, monté au bûcher ; Michel Servet, qui récusait la Trinité, exécuté dans la Genève de Calvin... Également convaincus de la relativité des croyances, les baha'is intègrent les grandes figures religieuses de l'humanité, prônent l'égalité des sexes et des races, veulent allier connaissance scientifique et recherche spirituelle. Estimés à six millions, implantés dans 189 États, ils ont été durement persécutés en Iran.

LE NEW AGE n'est pas une religion, mais un modèle global d'épanouissement personnel, issu d'une ambiance californienne floue et diffuse, mise en forme par Marilyn Fergusson en 1980. Dans son livre *Les Enfants du Verseau*, elle annonce la disparition des religions, en particulier du christianisme aux aspirations trahies par les institutions et le dogmatisme, et l'avènement d'une ère nouvelle, où la matière sera transfigurée par l'énergie de l'amour universel. Glanant dans le christianisme et les religions orientales, faisant grand cas de l'astrologie et de la numérologie, invoquant l'astrophysique et la biochimie, mêlant agriculture biologique et psychothérapie, ce mouvement aux multiples facettes a surfé sur les effets de mode.

IMPLANTATIONS DE LA SCIENTOLOGIE AUX ÉTATS-UNIS

Lieu d'implantation de l'Église de Scientologie

LOS ANGELES Siège social

Hollywood "Celebrity center"

Clearwater Ville sous contrôle

San Diego Autre implantation

Source : Mission interministérielle de la lutte contre les sectes, France, 2002.

LA SCIENTOLOGIE illustre le caractère transnational des sectes, leur succès aux États-Unis, leur poids économique, leur prosélytisme en Europe centrale et orientale, et leur propension à investir les secteurs de la formation et de la thérapie, ici à travers la dianétique, psychotechnique contestée. Elle s'extraterritorialise sur une flottille pour échapper aux poursuites judiciaires, puis installe son quartier général en Floride.

LES SECTES AU JAPON

La plupart des centaines de sectes japonaises sont honnêtes et paisibles ; quelques-unes inquiètent (attentat dans le métro de Tokyo par Aum). Certaines se diffusent rapidement : Sukyo Mahikari, fondée en 1960, a 500 000 adeptes. Sokka Gakkai, née en 1930, est issue d'une école bouddhiste japonaise, avec laquelle elle rompt en 1989. Très riche, forte de 15 millions d'adeptes dont 10 au Japon, elle joue un rôle politique et s'implante en Occident, où elle cible entreprises technologiques et grandes écoles.

DE LA CONVERSION À L'ACTION HUMANITAIR

Dès les premiers temps, des disciples du Christ sont partis répandre la bonne parole aux quatre coins du monde. L'activité missionnaire a longtemps visé la conversion des populations à qui on impose un modèle culturel étranger. De nos jours, les missionnaires, qui ont toujours accompli une œuvre sanitaire et d'alphabétisation, recherchent le dialogue et témoignent de leur foi par l'action humanitaire. Si la mission est une modalité chrétienne du prosélytisme, d'autres religions, en particulier l'islam, mais aussi le bouddhisme, se soucient activement d'accroître le nombre de leurs adeptes et d'élargir leur aire d'influence.

UNE TERRE DE MISSIONS

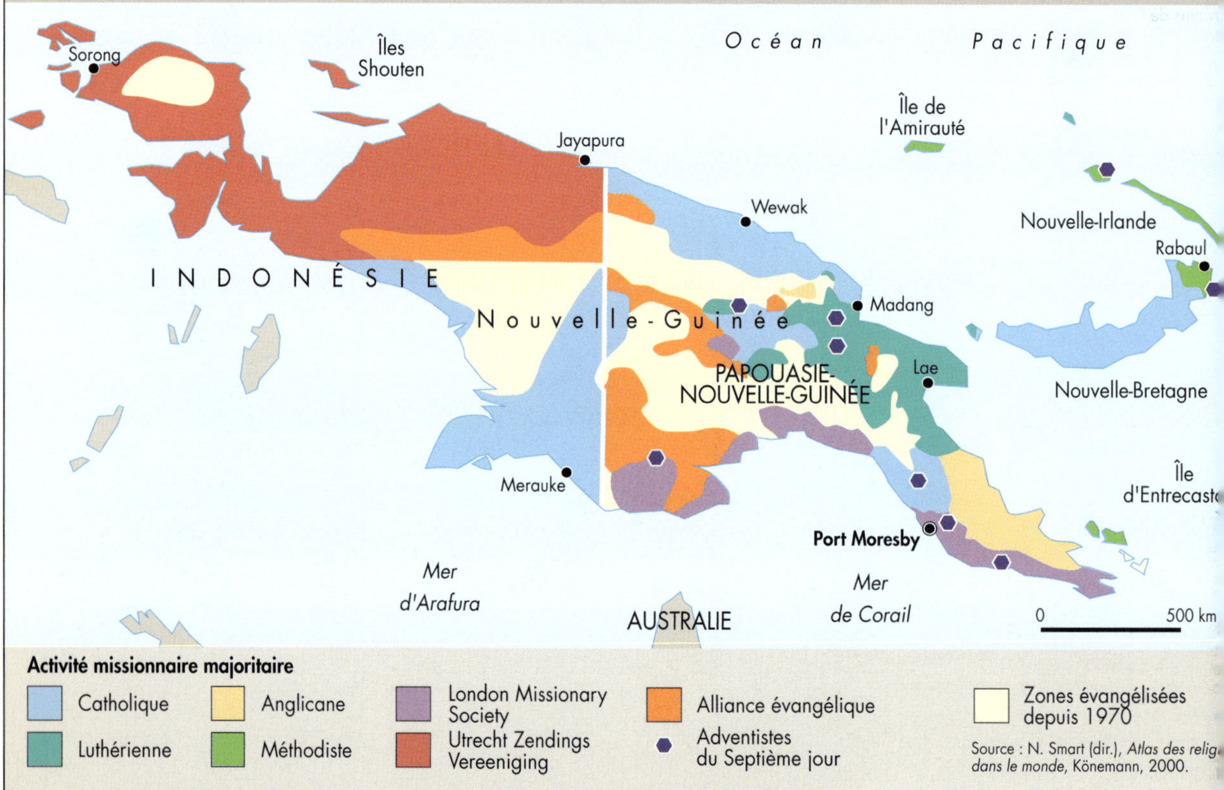

Source : N. Smart (dir.), *Atlas des relig dans le monde*, Könemann, 2000.

EXPLORATION ET ÉVANGÉLISATION. Les grandes découvertes, révélant l'existence de peuples qui ignorent jusqu'à l'existence de l'Évangile, bouleversent l'horizon missionnaire. Puis, aux luttes coloniales entre puissances européennes en Afrique font écho les rivalités entre ordres missionnaires catholiques, masculins ou féminins, et sociétés missionnaires protestantes, situation qui prévaut encore dans les îles du Pacifique, plus tardivement explorées, où le passage du paréo à la chaste robe mission ou celui de l'étui pénien à l'ample short anglais ont symbolisé la victoire de la civilisation sur le primitivisme aux yeux des missionnaires.

LE FAIT MISSIONNAIRE DANS LE MONDE

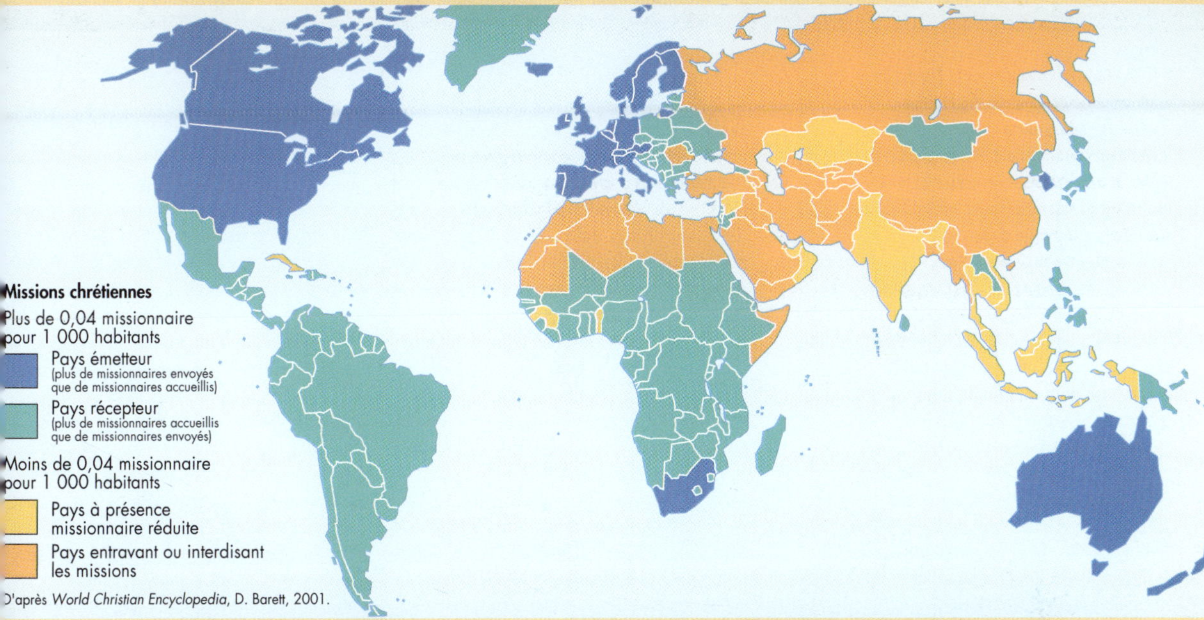

DES ORGANISATIONS HUMANITAIRES

> *La mission : se laisser bouleverser, convertir par les personnes qui nous accueillent.*

SECOURS ET AIDE AU DÉVELOPPEMENT. En 1863, Henri Dunant fonde à Genève un Comité international pour le secours aux blessés avec pour emblème le drapeau suisse inversé, adapté en croissant rouge en 1876 par l'Empire ottoman (la société nationale israélienne a opté pour une étoile de David rouge). Dans des conflits récents, ces emblèmes de neutralité ont été considérés par les belligérants comme des symboles religieux, ce qui a entravé les secours. Spécialisée dans le secours médical d'urgence, l'organisation compte 178 sociétés nationales, 97 millions de membres et bénévoles, 300 000 salariés. Elle secourt plus de 2 millions de personnes par an et mène des actions sanitaires auprès des plus démunis. Parmi les nombreuses organisations d'aide au développement, certaines sont d'inspiration religieuse, ce qui ne les empêche pas d'intervenir sans prosélytisme auprès de populations d'autres confessions : c'est le cas du Comité catholique contre la faim et pour le développement (CCFD).

ASPECTS DE LA SÉCULARISATION

Philosophiquement, la foi est une certitude fondée sur « la lumière surnaturelle » et non pas sur la « lumière naturelle » de la raison. Elle n'empêche en rien l'interrogation métaphysique sur les rapports entre foi et raison. L'athéisme, doctrine qui nie l'existence de Dieu, diffère de l'agnosticisme. Faute de preuves suffisantes et d'évidences tangibles, l'agnostique ne tranche pas en faveur de l'existence ou de la non-existence de Dieu. Au-delà des convictions intimes et des certitudes subjectives individuelles, se pose la question de la coexistence des croyances, donc de la tolérance. Cela renvoie à la place de la religion dans la société et aux relations entre la religion et l'Etat.

« *Nul ne doit être inquiété pour ses opinions, même religieuses.* »

LES RELATIONS ENTRE LA RELIGION ET L'ÉTAT sont complexes et variées. Dans la mesure où l'expression religieuse est étroitement liée à l'expression culturelle et donc politique au sens d'organisation de la cité, il n'est pas d'exemple d'indépendance radicale entre les deux domaines. Entre une relation de dépendance et un déni réciproque, tous les cas de figure sont observables. En outre, la question du statut institutionnel de la religion et celle de la tolérance religieuse se recoupent sans se confondre : des pays à religion officielle se caractérisent par une large tolérance (Europe du Nord) ; des pays officiellement laïcs ne sauraient être considérés comme des modèles de tolérance à l'heure actuelle (Turquie, Syrie, Irak). Dans certains cas, le ravalement à usage externe de la façade institutionnelle cache des réalités internes fort différentes (Chine).

Les régimes se réclamant idéologiquement du matérialisme athée ne tolèrent pas la liberté religieuse. Ce fut le cas dans l'ex-URSS et dans la Chine de Mao, qui voulait éradiquer « les vieilleries et les anciennes superstitions ». Cela reste le cas en Corée du Nord et de fortes tensions subsistent au Vietnam et à Cuba. À l'opposé, si les théocraties véritables comme le Tibet jusqu'à l'occupation chinoise ont disparu, il reste des pays à religion officielle, où la tolérance religieuse n'est pas garantie (Birmanie, Arabie Saoudite).

Le Coran n'édicte pas de système politique. Tant que l'autorité se conjugue avec la consultation, tous les régimes sont possibles. En revanche, l'islam ne distingue pas droit canon et droit laïc. Le droit musulman (*charia*) est généralement appliqué en matière de statut personnel et fait office de droit de la famille, les rapports entre les personnes et le droit public étant généralement inspirés du droit occidental. L'application de la *charia* se répercute notamment sur le droit pénal, le statut de la femme et les relations interconfessionnelles.

Dans les pays occidentaux, la relation entre religion et politique se décline selon des modalités différentes, où l'histoire joue un rôle essentiel. La culture nord-américaine, empreinte de religiosité, est attachée à la liberté religieuse et à la séparation des Églises et de l'État. Le contrôle de la société civile québécoise par l'Église catholique s'est effondré dans les années 1960 (Révolution tranquille). La Révolution française, issue des idéaux des Lumières, a introduit en France une tradition laïque et la IIIe République a laïcisé l'école, puis instauré, en 1905, une séparation complète entre l'Église et l'État (l'Alsace-Moselle ayant un statut particulier). Dans les pays d'Europe du Nord, le luthéranisme est religion officielle. Au Royaume-Uni, l'anglicanisme a le statut de « religion établie » et le souverain est chef de l'Église anglicane (en revanche, au pays de Galles, il y a séparation).
Dans les pays européens de tradition catholique, un régime de séparation entre les Églises et l'État se retrouve en Belgique et en Irlande. En Italie, en Espagne et au Portugal, il s'agit d'un concordat. L' influence du catholicisme sur la vie politique est désormais réduite. Les législations sur le divorce, la contraception ou l'avortement se démarquent de l'enseignement de l'Église, y compris en Pologne et en Irlande. Trois pays présentent une laïcité institutionnelle : la France, la Belgique et les Pays-Bas. Dans ces deux derniers pays elle n'est qu'un « pilier » particulier à côté des piliers confessionnels, chacun possédant ses écoles, ses médias, ses syndicats...

En Europe orientale l'orthodoxie a toujours entretenu des relations étroites avec le pouvoir politique, qui ne se privait pas de légiférer en matière religieuse. Les Églises orthodoxes, territorialisées, peuvent jouer un rôle important dans la vie politique. On le voit en Grèce, mais aussi en Serbie, en Bulgarie, en Russie, où elles entendent retrouver leur place de jadis.

En Afrique noire, le rôle des religions traditionnelles est souvent plus important qu'il n'y paraît. Derrière un appareil politique contrôlé par des dirigeants chrétiens ou musulmans, la réalité du pouvoir local conserve une place aux notables et aux chefs religieux traditionnels.

Un cas à part enfin est celui de l'État d'Israël, État ethnico-religieux.

A RELIGIOSITÉ EN EUROPE OCCIDENTALE

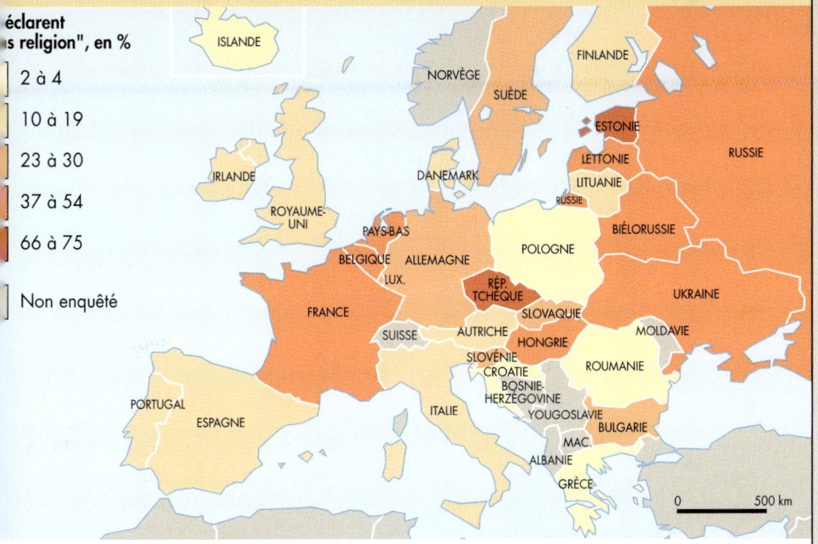

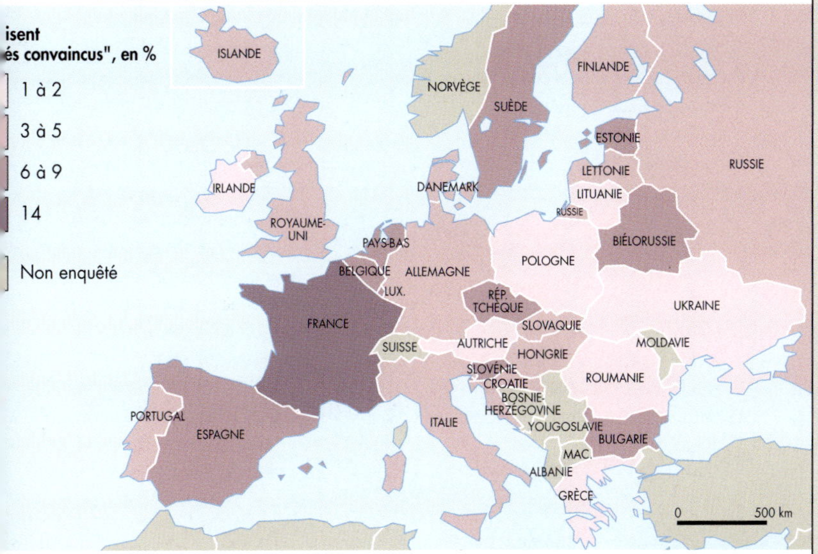

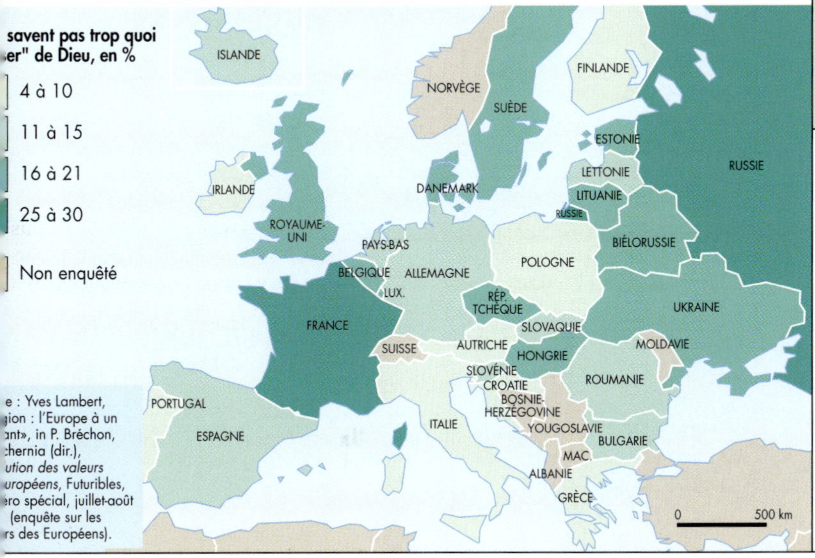

e : Yves Lambert, gion : l'Europe à un ant», in P. Bréchon, chernia (dir.), *ution des valeurs uropéens*, Futuribles, ro spécial, juillet-août (enquête sur les rs des Européens).

NIVEAUX ET FACTEURS DE SÉCULARISATION.

Trois indicateurs de sécularisation (non-appartenance religieuse, athéisme, agnosticisme) convergent pour classer les pays par ordre de religiosité décroissante : Irlande, Portugal, Italie, Autriche, Espagne, Belgique, France pour les pays catholiques ; Allemagne, Grande-Bretagne, Pays-Bas pour les pays mixtes ; Islande, Finlande, Danemark, Norvège, Suède pour les pays protestants. Il n'existe guère de lien entre le statut de la religion et le niveau de religiosité : dans les pays luthériens d'Europe du Nord, la religiosité chrétienne est très basse, même si le niveau d'appartenance religieuse est très élevé puisque le luthéranisme reste religion d'État. Le facteur historique, notamment le rapport à la modernité et l'industrialisation, joue un rôle majeur dans l'explication des différences : la sécularisation a été plus précoce et plus poussée dans les pays les plus anciennement industrialisés.

Ce classement n'est pas figé : le recul du catholicisme en Irlande contraste avec sa remontée en Italie et en Espagne ; au recul religieux islandais s'oppose la poussée danoise.

APÔTRE. Dans la tradition chrétienne, le Christ a choisi parmi ses disciples douze hommes qui ont reçu le nom d'apôtres (envoyés). Les Douze, auxquels sont ensuite assimilés Paul et Jacques, ont reçu la mission de répandre l'Évangile. Pour les catholiques, ils ont reçu du Christ une autorité particulière, dont les évêques et le pape sont les successeurs. Pour les protestants, c'est la communauté des fidèles qui a hérité de cette autorité. Pour les orthodoxes, les Églises des Apôtres formaient une pentarchie (Rome, Antioche, Jérusalem, Alexandrie, Constantinople), alors que, pour les catholiques, l'apôtre Pierre (« Tu es Pierre et sur cette pierre je bâtirai mon Église ») fonde la primauté de Rome.

CHRISTOLOGIE. Partie de la théologie relative au Christ. Le concile de Chalcédoine proclame en 451 le dogme de l'hypostase (union en la personne du Christ de deux natures indistinctes, l'une divine, l'autre humaine), rejetant les doctrines monophysite (nature unique du Christ) et diophysite (deux personnalités indépendantes dans le Christ).

CONCILE ET SYNODE. ces termes, signifiant étymologiquement « assemblée » respectivement en latin et en grec, désignent des assemblées d'ecclésiastiques réunis pour discuter d'affaires religieuses. Ils recouvrent des réalités différentes suivant les époques et leur usage varie selon les Églises. La notion de concile n'est pas exclusivement chrétienne ; elle existe dans le bouddhisme. Le pape n'est pas élu par un concile, mais par un conclave, réunion à huis clos des cardinaux de moins de 80 ans.

CONGRÉGATIONALISME. Principe d'organisation selon lequel la communauté locale, autonome, prime sur l'Église.

CONSTANTINOPLE. Byzance devient la capitale de l'Empire romain sous le nom de Constantinople en 330. Plusieurs fois assiégée sans succès par les Arabes musulmans, la capitale de la chrétienté orientale est mise à sac par les croisés durant la quatrième croisade, en 1204. La prise de Constantinople par les Turcs en 1453 en fera la capitale de l'Empire ottoman, sous le nom d'Istanbul.

CROISADE ET GUERRE SAINTE. Quels qu'aient été ses mobiles démographiques, économiques, politiques et psychologiques, la croisade est à la fois une expédition de secours aux chrétiens d'Orient, un pèlerinage en Terre sainte et une opération de libération du tombeau du Christ tombé aux mains des Infidèles. La sauvagerie des combats et l'avidité des croisés face aux richesses de l'Orient laissèrent une rancœur tenace chez les musulmans et alimentèrent l'idéologie de la guerre sainte, à laquelle la notion de *jihad* n'est pas réductible, car le *jihad*, obligation communautaire facultative, est un effort où l'effort guerrier n'est pas l'aspect primordial.

ÉSOTÉRISME. Accession à une connaissance cachée au commun des mortels, relevant d'une tradition réservée aux seuls initiés.

ÉVANGÉLISATION. Pour les catholiques, action de faire connaître l'Évangile à des populations ne le connaissant pas. Les protestants distinguent l'évangélisation auprès de populations chrétiennes détournées de l'Évangile et la mission auprès de populations non christianisées.

GENS DU LIVRE. Cette expression désigne, dans l'islam, par opposition aux païens, les juifs et les chrétiens, dont la religion repose sur une Révélation écrite.

NÉO-PAGANISME. Résurgences contemporaines de religions préchrétiennes, en particulier celtiques (néo-druidisme, wicca) ou scandinaves (astarus). Aux Etats-Unis, les néo-païens, dont les références spirituelles vont d'un pharaonisme hollywoodien à Harry Potter, seraient un million. Férus de magie et de sorcellerie, ils tiennent à se démarquer du satanisme, qui se réclame de puissances emblématiques du Mal, en particulier Satan.

NOUVEAU MOUVEMENT RELIGIEUX. Groupe religieux ou réputé tel, apparu après 1800 – date choisie par convention ; elle ne fait pas l'unanimité, certains réservant l'expression à des mouvements plus récents.

ŒCUMÉNISME. Tentative de rapprochement entre Églises chrétiennes. L'épithète a un sens plus restrictif pour désigner des institutions : regroupement d'Églises non catholiques (Conseil œcuménique des Églises), ensemble de la chrétienté byzantine (patriarcat œcuménique de Constantinople) ou catholique (concile œcuménique, c'est-à-dire rassemblant tous les évêques). Pour le rapprochement entre religions différentes, on parle de dialogue interreligieux.

PROPHÈTE. Dans la tradition judaïque, à laquelle se rattachent le christianisme et l'islam, le prophète est un homme qui transmet la parole et la volonté divine. La prophétie prend souvent la forme d'un rappel à l'ordre pouvant aller jusqu'à la menace de châtiments.

PROSÉLYTISME. Le prosélytisme désigne l'action en vue d'obtenir la conversion. Le terme peut revêtir une connotation péjorative de propagande religieuse.

RÉVÉLATION. Communication de lui-même que Dieu fait à l'homme dans un dévoilement progressif.

SCHISME. Dissidence d'un groupe en désaccord avec l'autorité d'une religion. Un schisme peut porter sur le culte ou sur la conception du pouvoir. S'il porte sur la doctrine, le groupe dominant ou initial parlera d'hérésie pour qualifier le groupe dissident.

SYNCRÉTISME. Combinaison d'éléments appartenant à différentes doctrines religieuses.

TRINITÉ. Alors que le judaïsme et l'islam sont des monothéismes stricts (unicité de Dieu), le christianisme a un Dieu unique en trois personnes – le Père, le Fils et le Saint-Esprit. Pour les catholiques, le Saint-Esprit procède du Père et du Fils ; pour les orthodoxes, il procède du Père. Pentecôtistes protestants et catholiques charismatiques mettent l'accent sur l'Esprit saint.

VÉDISME. Dans l'Inde ancienne, de 1400 à 800 av. J.-C., religion des Aryens enseignée par les Védas, textes sacrés. Hindouisme et zoroastrisme sont dans la filiation du védisme.

YIN ET YANG. Les deux aspects antagonistes et complémentaires de toute réalité dans le taoïsme, les deux modalités d'une unité duelle, les deux versants du cosmos. Le Yang (adret) est le pur, le léger, le céleste, le solaire, le chaud, l'actif, le viril, le joyeux, le sage... Le Yin (ubac) est l'opaque, le lourd, le terrestre, le lunaire, le froid, le passif, le féminin, le triste, le fou etc. Ce couple aux déclinaisons infinies, qui est moins une dichotomie qu'une dynamique, est à la base de la médecine, de la pharmacopée, du régime alimentaire chinois.

RÉFÉRENCES DES CITATIONS

Le christianisme et sa diffusion, p. 12-13
B. de las Casas, trad. fr., *Las Casas et la défense des Indiens*, Julliard, 1971.

L'Église catholique et apostolique romaine, p. 14-15
Catéchisme de l'Église catholique, 1992.

Le christianisme orthodoxe, p. 16-17
Marguerite Yourcenar, *Présentation critique de Constantin Cavafy (1863-1933)* suivi d'une traduction des *Poèmes* par Marguerite Yourcenar et Constantin Dimaras, Poésie-Gallimard, NRF, 2e édition mise à jour, 1978, p. 107.

Le protestantisme dans sa diversité, p. 18-19
Annuaire de la France protestante, 2001.

L'islam, p. 20-21
Attestation de foi (*chahada*).

La diversité de l'islam, p. 22-23
Hadith chiite.

Le judaïsme, p. 24-25
Ezéchiel, chap. 37, v. 1-7.

Mémoire et territoire du peuple juif, p. 26-27
Primo Levi, *Si c'est un homme*, Pocket, 1988.

L'hindouisme p. 28-29
F. Landy, *L'Union Indienne : une géographie*, Éditions du Temps, 2002.

Le bouddhisme, p. 30-31
Les Quatre Nobles Vérités du Bouddha.

Les religions de la Chine et du Japon, p. 32-33
Haïku cité par Roland Barthes, *L'Empire des signes*, Flammarion, 1980.

Géographie religieuse du continent africain, p. 34-35
J.-C. Barbier, E. Dorier-Apprill, *Annales de géographie*, n°588, mars-avril 1996.

Les religions en Europe, p. 36-37
J.C. Boyer, « La frontière entre protestantisme et catholicisme en Europe », *Annales de géographie*, 1996/2.

RÉFÉRENCES DES CITATIONS

Géographie religieuse du monde arabe, p. 38-39
B. Dumortier, *Géographie de l'Orient arabe*, A. Colin, 1997.

Le pluralisme religieux nord-américain, p. 40-41
Premier amendement à la Constitution des États-Unis, 1791.

La question d'Irlande du Nord, p. 42-43
Denis Dumortier, *D'autre part*, 1990.

Ex-Yougoslavie et Indonésie : des conflits religieux ? p. 44-45
A. Feillard, *L'islam en Asie*, La Documentation française, 2001.

La singularité libanaise, p. 46-47
F. Azar, *Construction identitaire et appartenance communautaire au Liban*, L'Harmattan, 1999.

Pèlerinages, villes saintes et lieux sacrés, p. 48-49
Mircea Eliade, *Le Sacré et le profane*, Paris, Gallimard, 1965.

Trois itinéraires de pèlerinage, p. 50-51
Rainer Maria Rilke, *Le Livre du pèlerinage*, traduction La Pléiade, *in* Œuvres complètes, La Pléiade, 1997.

Religions autochtones et survivances minoritaires, p. 52-53
J. Bonnemaison, *Le Voyage inachevé*, 1998.

Les sectes : faux débats et vrais problèmes, p. 54-55
Recommandation 1412 du Conseil de l'Europe, 1999.

De l'activité missionnaire à l'action humanitaire, p. 56-57
« Souvenirs d'un ami prêtre qui a sillonné le monde », cité par le Père G. Wybo (paroisse Saint-Merri).

Aspects de la sécularisation, p. 58-59
Déclaration des droits de l'homme et du citoyen, 1789.